KB199555

월급쟁이, 벼락 상속인을 위한

상속·증여 솔루션

월급쟁이, 벼락 상속인을 위한

상속증여 솔루션

조용주(변호사) 지음

가디언

차례

1부　상속·증여세 법 편

1장 》　어떻게 해야 상속분쟁을 잘 해결할 수 있을까?

2장 》 상속인이라면 꼭 알아야 할
상속의 지혜

3장 》 현행 상속제도는 바뀌어야 한다

글머리

상속·증여세, 더 이상 부자들만의 세금이 아니다

이미 초고령화 사회에 접어든 대한민국은 갈수록 출생아보다 돌아가시는 분의 수가 많아질 수밖에 없다. 2022년 사망자는 37만 명에 이르렀는데 2030년에는 50만 명에 이를 것이고, 2050년이 되면 매년 60만 명까지 늘어날 것이라는 통계가 있다. 이제 우리는 가족의 죽음을 일상적으로 겪게 될 확률이 높다. 누군가의 죽음이라는 것은 필연적으로 상속이라는 법률적 문제를 발생하게 하고, 재산이 어느 정도 이상일 경우에는 상속세를 신고·납부할 세법상 책임까지 생기게 한다.

지금까지 대부분의 사람들은 상속·증여세를 부자들의 세금이라고 생각했다. 그런데 서울 아파트 실거래 가격이 13억을 넘나들면서 월급쟁이 벼락 상속인은 상속세 폭탄에 당혹스러워한다. 상속 전문변호사로 일하고 있는 필자는 이런 많은 사례를 상담하면서 상속법을 어떻게 하면 더 쉽게 알려줄 수 있을까 고민해 왔다. 이 책은 그런 고민 하에 1년간 연재한 신문 칼럼을 정리하여 묶은 것이다.

상속은 사랑하는 가족이 남긴 유산을 물려받는 단순한 경제적 승계가 아니라, 그동안의 관계와 감정을 정리하는 과정이기도 하다. 그러나 상속은 세금뿐만 아니라 종종 법적 분쟁을 동반하며, 가족 간의 갈등을 초래하기도 한다. 필자는 상속과 증여와 관련된 많은 분쟁을 해결하면서 느끼는 것이 많았다. '내가 그들이라면 이렇게 대처했을 텐데'라는 생각이 들어서 준비가 안 된 그들이 무척 아쉬웠다. 그래서 나는 갑자기 상속인이 된 일반인들이 상속과 증여 시에 발생하는 복잡한 문제를 예방하고 현명하게 대처할 수 있도록 도움을 주고 싶었다.

상속 및 증여와 관련된 문제는 생각보다 다양하고 복잡하다. 왜냐하면 단순한 재산의 분할이라기보다는 상속 이후에 가족 간에 새로운 관계를 형성하는 일이기 때문이다. 상속재산을 놓고 벌어지는 가족 간 다툼, 유언의 법적 효력, 유류분제도, 사전증여의 특정, 사실혼 배우자의 상속권 등과 관련된 상속법은 우리가 예상하지 못한 다양한 상황에서 적용된다. 또한, 최근에는 상속을 둘러싼 사기 수법이 날로 정교해지고 있어 더욱 신중한 대응이 필요하다. 상속과 더불어 생기는 문제인 상속세 및 증여세의 신고·납부 또한 중요한 문제다. 상속세가 부자들의 전유물이라고 생각했는데 이제 남의 일이 아닌 세상이 되었다. 정부가 상속세 및 증여세율을 낮춘다고 하더라도 쉽게 입법이 되지 않기 때문이다. 상속재산이 많지 않더라도 세금 부담을 줄이기 위한 사전 준비가 필요하며, 특히 부동산과 가업 승계와 관련한 세금 문제는 매우 복잡하다. 그래서 이 책은 이러한 문제를 어떻게 해결해야 할지에 대하여 실제 사례를 바탕으로 실질적인 해결책을 제시하고자 한다.

이 책은 크게 두 부분으로 구성되어 있다. 첫 번째 부분은 증여·상속세 법에 관한 34가지의 사례를 담아 보았다. 특히 가족 간 상속재산 분할협 의, 유언의 효력, 유류분 청구, 사전증여, 상속포기, 이혼·재혼 상속분쟁, 노후파산 등 실생활에서 자주 접할 수 있는 사례를 중심으로 법적 해석 과 해결책을 제시하였다. 두 번째 부분은 상속·증여세에 관한 내용으로 20가지의 사례로 구성되어 있는데, 상속세 계산 방법, 절세 전략, 사전증 여, 부동산 상속 문제 등을 다룬다. 상속세 및 증여세는 전문적인 세무사 의 도움을 받는 것이 중요하지만, 이 책에서는 상속인이라면 꼭 알아야 할 기본 지식을 다루었다.

책의 구성은 흥미로운 사례와 실무적인 조언이 가득하다. 특히 각 사례 마다 상속인으로서 반드시 알아야 할 부분을 말미에 따로 편집해 일반인 도 쉽게 이해할 수 있도록 하였다. 본문의 내용을 읽더라도 그 내용을 다 시 요약하여 정리하면 상속인들에게 큰 도움이 될 것이다. 그리고 법률 전 문가뿐만 아니라 상속을 준비하는 모든 사람이 실질적인 도움을 받을 수 있는 데 주안점을 두었다. 이 책을 통해 독자들이 상속과 관련된 법적·세무적 문제를 보다 쉽게 이해하고, 보다 현명한 결정을 내릴 수 있기를 바란다.

상속은 단순히 재산의 이전이 아니라, 가족과 개인의 삶을 반영하는 중요한 과정이다. 누구나 부모님이 돌아가시면서 상속 문제로 고민할 수밖에 없다. 모든 가족은 각자 다른 문제를 가지고 있다. 반드시 법률이나 판결에 의해서만 상속이 해결되는 것은 아니다. 가족들이 모두 합의하여 새로운 가족 질서를 만들면 가족 간의 우애는 더 오래갈 수도 있다. 그러기 전에 이 책을 통해 상속 문제를 둘러싼 복잡한 법적·세무적 문제를 이해하고 가족 간의 감정적인 장벽을 넘어 독자들이 상속을 통해 더 나은 가족관계를 이루어나가길 바라며, 평온하고 공정한 상속을 준비하는 데 도움이 되길 기대한다.

이 책을 세상에 내놓자고 제안해 주신 출판사 가디언 신민식 대표님에게 진심으로 감사드리고, 성원해 주신 가디언의 저자 모임인 '종횡무진'의 회원님들에게도 책 출판과 더불어 감사드린다. 법무법인 안다에서 근무하면서 상속법과 상속세를 정리하는 데 큰 도움을 주고 현재는 법원에서 재판연구원으로 근무하고 있는 김정은 연구관에게 감사를 드리고, 평소 상속세법 자문을 오랫동안 해준 세무법인 온세의 양경섭 대표세무사, 권오현 숭의여자대학교 세무학과 교수, 안다상속연구소에서 상속사건 진행을 잘해서 항상 좋은 결과를 가져다준 장원준 실장과 김보배 과장에게

구분	상속세	증여세
법적 근거	「상속세 및 증여세 법」 제2장	「상속세 및 증여세 법」 제3장
과세 시점	피상속인의 사망 시점	증여가 이뤄진 시점
과세 대상자	상속인 또는 수유자	증여받은 자(수증자)
과세 재산 범위	사망 시 보유한 모든 재산 + 사전증여분 일부 포함	증여자가 무상으로 준 재산 전체
세율 구조	누진세율 (10%~50%)	누진세율 (10%~50%)
공제 항목	기초공제(5억), 배우자공제, 일괄공제 등 다양	증여공제 (10년 단위, 인별 차등: 직계존속/비속 등)
신고 기한	사망일이 속한 말일부터 6개월 이내 (해외 거주자 9개월)	증여일로부터 3개월 이내
납부 방식	신고 후 일시납, 분납 또는 연부연납 가능	신고 후 일시납, 분납 가능 (연부연납은 제한적)
세대생략 증여 가산세	없음	30% 할증 과세 (자녀 대신 손자 등에게 증여 시)
과세 누락 방지 장치	사전증여 재산가산 (10년 이내 증여분)	누락 신고 시 가산세 부과
주요 특징	유산 전체에 대한 종합과세 개념	개별증여마다 독립 과세 (단발성 과세)

고마움을 표시하고 싶다. 그리고 결혼 후 24년 내내 항상 바쁜 남편을 위해 쉬지 않고 조용한 내조를 해준 사랑스러운 아내와 일본 유학으로 바쁜 아들 현승이에게도 책 출간의 기쁨을 나누고 싶다.

2025년 4월
법무법인 안다 서초사무실에서
조용주

1부

상속·증여세 법 편

1장

어떻게 해야
상속분쟁을
잘 해결할 수
있을까?

엄마 금목걸이 40돈
임의 처분한 오빠의 운명은?

어머니 장례 후, 아들이 어머니의 물건인 금목걸이 2개(약 40돈 상당)를 여동생으로부터 받았으나 이를 돌려주지 않고 임의로 처분했다. 또 어머니 명의의 은행 계좌에 있던 700만 원을 자신의 계좌로 이체했다. 이에 대해 최근 법원은 아들에게 벌금 300만 원을 선고했다.

아들은 어머니가 생전에 자신에게 금목걸이를 가지라고 했으므로 이는 증여에 해당하며, 어머니의 통장에 대해서도 생전에 통장번호와 비밀번호를 알고 관리 권한을 부여받았기 때문에 돈을 찾은 것이 문제가 아니라고 주장했다. 반면 여동생은 오빠가 금목걸이를 달라고 해서 줬지만, 이후 오빠가 "엄마가 다 가지라고 했다"며 반환하지 않았다고 말했다. 이런 상황에서 아들의 주장이 법적으로 타당한지 검토해 보자.

민법 제997조는 '상속은 사망으로 인해 개시된다'고 규정하고 있으며, 상속은 피상속인(고인)의 사망을 원인으로 하고 사망 시에 개시된다. 사망 시각은 의사가 작성한 사망진단서에 정확히 기재되며, 이는 가족관계증명서에도 기록된다. 예를 들어, '2014년 2월 10일 11시 30분'과 같은 형태로 명시된다. 우리나라 법제는 생전에 상속할 수 없고, 오직 사망 후에만 상속이 가능하다. 즉, 사후상속만 인정된다. 증여는 생전에 타인에게 재산을 무상으로 주는 것을 의미한다. 상속과 증여는 비슷한 측면이 있지만, 법적 효과는 완전히 다르다.

민법 제1005조에 따르면, 상속인은 상속개시 시점부터 피상속인의 재산에 관한 포괄적인 권리와 의무를 승계하게 된다. 상속인은 피상속인의 재산을 개별적으로가 아닌 포괄적으로 승계하며, 재산의 종류나 성격과 관계없이 상속인들이 공동으로 관리하고 처분할 권리를 갖는다. 이를 '일반상속'이라고 한다. 상속인이 여러 명인 경우, 공동상속을 통해 각자의 법정상속분만큼 권리와 의무를 가진다. 공동상속인의 권리는 공유 관계로 처리되며, 민법상 공유에 관한 법리가 적용된다.

이 사건에서는 어머니가 사망하기 전까지 소유했던 목걸이와 통장의 자산이 어머니 소유였고, 사망 이후에는 상속인인 남매 두 사람이 공동으로 상속한 것으로 본다. 어머니가 생전에 아들에게 증여했다고 하더라도, 그 물건이 실물로 인도되지 않았다면 아들은 소유권을 취득한 것이 아니다. 또한 증여 사실을 입증할 만한 증거도 제출되지 않아 증여 자체가 인정되지 않았다. 통장의 관리권 역시 마찬가지다. 어머니가 사망한 이후에는 모든 재산은 공동상속인에게 귀속되므로, 단 한 명의 상속인이 이를 임의로 이체하거나 인출해서 사용하는 것은 법적으로 문제가 된다.

이러한 아들의 행동은 형법 제355조 제1항에 해당하는 횡령죄에 해당하며, 이는 5년 이하의 징역 또는 1,500만 원 이하의 벌금으로 처벌될 수 있다. 만약 어머니가 유언을 통해 목걸이와 통장에 있는 돈의 소유권을 아들에게 준다고 명시했다면, 사망 이후 유언 내용을 따르면 된다. 그러나 유언장이 있더라도 사망 전에 해당 재산을 가져가는 것은 불법이다.

이런 분쟁은 부모가 돌아가신 후, 장례가 끝난 시점에서 발생하는 경우가 많다. 상속인이 자신의 입장만 생각하고 행동하면 갈등이 생기기 쉽다. 피상속인의 재산을 임의로 처분하면 다른 상속인에 의해 형사 고소를 당할 수 있다는 점을 반드시 기억해야 한다.

➡ 상속·증여세 법 요약
- **상속개시 시점:** 피상속인 사망 후 개시됨(민법 제997조).
- **공동상속 원칙:** 상속재산은 공동상속인 합의 후 처분 가능(민법 제1005조).
- **생전 증여 vs. 상속:** 증여는 생전 실물 인도가 필요함.
- **횡령죄 처벌 가능성:** 공동상속 재산을 단독 처분하면 형사처벌 대상.

➡ 주의사항
- 공동상속 재산은 반드시 상속개시 후 상속인 모두 합의 후 처분해야 함.
- 구두(말로 한) 증여는 증거가 없으면 인정되지 않음.
- 부모님 계좌를 생전에 관리했어도 사망 후 임의 출금은 불법.
- 상속은 가족 간 분쟁이 많으므로 반드시 법적 절차를 따를 것.

➡ 핵심교훈
부모님의 재산을 함부로 처분하면 형사처벌을 받을 수 있으므로, 상속인 모두와 협의하고 법적 절차 준수가 필수!

2

아들 장례 부의금 다 챙긴 시부모... 며느리 몫은?

우리나라는 오래전부터 힘든 일이 있을 때 서로 돕는 문화가 있었다. 특히 가족이 사망하면, 남은 유족을 위로하기 위해 부의금을 보내는 관습이 있다. 이는 유족의 부담을 덜어주고 위로하기 위한 목적으로 모이는 돈이다. 하지만 부의금이 예상보다 많이 들어올 경우, 이를 둘러싼 갈등이 종종 발생한다. 부의금을 나누는 기준이 애매할 때 분쟁으로 이어질 가능성도 크다. 상속인들이 원만히 합의하면 가장 좋겠지만, 그렇지 않다면 부의금 문제는 상속재산 분할심판에서도 주요 쟁점이 될 수 있다.

첫 번째 사례를 보자. 무능력한 장남은 사업실패로 이혼하고 어머니의 집으로 들어가 어머니와 함께 살고 있었다. 어머니가 돌아가셔서 장례를 치르게 됐고, 장례비는 3천만 원이 들었다. 그런데 장례식 부의금이 1억 원이나 들어왔다. 장남은 어머니를 오래 모셨으니 부의금 전부를 자신이 가지겠다고 주장하며 둘째, 셋째 형제와 갈등을 빚었다. 둘째는 대기업에 다니고 있었고, 셋째는 의사로 일하고 있어서 이들 두 형제를 보고 들어온 부의금이 더 많았다. 이런 상황에서 어떻게 해결할 수 있을까?

두 번째 사례는 군인 아들이 사고로 사망한 경우다. 아들은 결혼한 상태였고 자식은 없었다. 부모와 배우자(며느리)만 유족으로 남았다. 군 동료들이 아들을 위로하기 위해 부의금 1억 원을 모아 주었고, 장례비는 1천만 원으로 최소 비용만 지출됐다. 그런데 시부모는 "우리 자식이 죽었으니 부의금은 당연히 우리가 가져야 한다"고 주장했다. 반면 며느리는 시부모가 부의금을 모두 가져가는 것은 부당하다고 생각하며 소송을 하겠다고 했다.

법적으로 부의금은 일종의 증여로 간주된다. 부의금을 낸 사람들은 장례식을 치르는 데 도움이 되라고 돈을 보낸 것이므로, 부의금은 먼저 장례비용으로 사용하고, 남은 금액은 상속인들의 상속분에 따라 나누는 것이 일반적이다. 법원은 "장례비용에 충당한 뒤 남은 부의금은 특별한 사정이 없다면 상속인들이 각자의 상속분에 따라 나누는 것이 윤리적이고 경험적으로 타당하다"는 입장을 밝혔다.

장례비용은 어떻게 처리할까? 법원은 "장례비용은 민법 제1000조와 제1003조에 따라 상속의 순위에서 가장 선순위에 놓인 자들이 법정상속분 비율대로 부담하는 것이 원칙"이라고 명확히 했다. 상속을 포기한 사람이 있어도, 가족 관계에서 비롯된 장례비용 부담은 그대로 유지된다. 상속과 관련 없는 비용이라고 볼 수 없다는 것이다.

이 기준을 첫 번째 사례에 적용하면, 부의금 1억 원에서 장례비용 3천만 원을 뺀 나머지 7천만 원은 상속분대로 나눠야 한다. 상속인들은 3분의 1씩 나눠 가질 수 있다. 하지만 장남은 부의금을 많이 낸 사람들과 무관한 경우가 많고, 나머지 두 형제를 보고 들어온 부의금이 대부분이었다면 갈등이 생길 가능성이 크다. 이런 경우 부의금을 낸 사람이 누구를 보고 냈는지 처음부터 명확히 하는 것이 필요하다. 예를 들어 장남이 0원, 둘째가 4천만 원, 셋째가 6천만 원을 각각 받았다면, 우선 장례비용을 각자 1천만 원씩 부담하고 나머지는 본인들이 가져갈 수 있다. 즉, 둘째는 3천만 원, 셋째는 5천만 원을 가져가는 식이다.

두 번째 사례에서는 부의금 1억 원에서 장례비 1천만 원을 제외한 9천만 원을 시부모와 며느리가 상속분대로 나눠 가져야 한다. 상속분은 배우자(며느리)가 7분의 3, 시부모 각각이 7분의 2로 정해진다. 따라서 남은 부의금을 이 비율에 따라 나누면 된다. 시부모가 이를 주지 않을 경우, 며느리는 자신의 상속지분 상당의 금액을 청구할 수 있다.

결론적으로 부의금을 나누는 과정에서 명확한 기준과 법적 근거를 두는 것이 중요하다. 이렇게 해야 상속인 간의 갈등을 최소화하고 공정한 분배가 가능할 것이다.

⤵ 상속·증여세 법 요약
- **부의금은 상속재산이 아님:** 장례비용 공제 후 상속인들이 분배.
- **배우자 권리 보장:** 며느리(배우자)도 상속권이 있음.
- **법정상속분 적용:** 부의금도 상속재산 분배원칙에 따라 분배 가능.

⤵ 주의사항
- 장례비용을 제외한 부의금은 상속인들의 공동상속 재산.
- 배우자는 상속에서 다른 상속인보다 더 가중된 상속분이 있음.
- 부의금 관련 분쟁이 많으므로 증빙을 철저히 해야 함.

⤵ 핵심교훈
시부모가 부의금을 전부 가져가는 것은 부당하며, 법원은 부의금을 장례비용을 제외한 후, 상속인들이 법정지분에 따라 나눠야 한다고 판시.

3

"작살내겠다"
이복형제 상속분쟁... 해법은?

부모님의 상속재산을 제대로 분배받지 못했다고 주장하며 이복동생을 협박한 상속인이, 법원으로부터 스토킹범죄의 처벌 등에 관한 법률 위반죄로 징역 1년, 집행유예 2년을 선고받았다. 무슨 일이 있었던 걸까.

상속인 김속상(가명) 씨는 자신의 이복동생에게 상속 관련 소송을 제기했으나 번번이 패소했다. 김속상 씨는 자신이 부모로부터 재산을 증여받았다고 주장하며 이복동생을 상대로 소송을 제기했으나, 뜻대로 되지 않자 이복동생의 아파트 현관에 편지를 붙이고 초인종을 반복해서 눌렀다. 뿐만 아니라 이복동생 집에 연락해 "네 자식과 아내를 전부 작살내겠다"고 협박했다. 그는 "200억 원에 가까운 선친의 재산을 독식하고 형들의 조의금마저 독식한 행위를 각성하라"고 적힌 현수막을 내걸고 1인 시위까지 벌였다. 하지만 검찰조사 결과, 김속상 씨의 주장은 모두 허위였다.

재판부는 김속상 씨에 대해 "소송 등 정당한 법적 구제수단이 있음에도 불구하고 피해자와 가족을 협박했다. 나아가 대법원에서 자신의 주장이 인정되지 않는다는 공적인 판단을 받았음에도 이에 승복하지 않은 채 피해자의 불안을 유발하고 명예를 훼손했다"고 판시했다. 이어 "김속상 씨의 행위는 법치국가의 시민으로서 해서는 안 되는 부당한 수단과 방법을 택했고, 사법부의 판결마저 무시해 죄질이 좋지 않으며, 재산상속을 받지 못한 억울함만을 주장하며 재범의 우려도 있다"며 징역형 선고 이유를 설명했다.

이복형제 간의 상속 문제는 일반 형제 간의 상속 문제와는 다른 차원의 갈등을 포함할 수 있다. 아버지가 여러 배우자 사이에서 자녀를 두면서 갈등과 분노가 심화되기 때문이다. 상속인들이 함께 생활했다면 갈등이 덜했을지도 모르지만, 같이 생활하지 않으면서 이들의 관심은 오로지 아버지의 재산에만 집중될 가능성이 크다.

아버지가 이복형제 간에 차등을 두지 않고 공평하게 재산을 나눴다면 이러한 문제가 덜했을 것이다. 그러나 아버지가 오랫동안 함께 산 부인의 자녀들에게 더 많은 재산을 나눠 줬다면 갈등이 발생할 수밖에 없다. 또한 서로 소통하지 않고 살았기 때문에, 아버지의 재산을 다른 이복형제가 더 많이 가져갔다고 오해할 소지가 크다. 이 사건도 이 같은 소통부재로 인해 재산을 받지 못한 이복형제가 다른 형제와 치열한 법적 다툼을 벌인 후, 결과에 만족하지 못하자 상대를 괴롭히는 방향으로 나아간 것으로 보인다.

법적으로 이복형제 간의 상속권에 차별은 없다. 하지만 아버지가 생전에 특정 이복형제에게 많은 재산을 증여함으로써 다른 형제들은 자신들의 지분을 받지 못했다고 느낄 수 있다. 이 경우 민법 제1115조에 따라 유류분 청구가 가능하다. 유류분은 공동상속인이 받은 증여재산을 포함해 상속재산의 일정 비율을 보장받을 수 있는 권리다. 유류분 산정에는 망인의 사망 당시 가치를 기준으로 평가된 증여재산이 포함된다. 따라서 사망 전에 증여된 재산이 1억 원이었더라도, 사망 당시의 가치가 10억 원이라면 유류분 산정은 10억 원을 기준으로 이뤄진다.

이복형제 간의 상속분쟁에서, 아버지가 특정 형제에게 많은 재산을 사전증여했다면 이를 찾아내 아버지 사망 당시의 가치로 평가해 유류분을 청구할 수 있다. 김속상 씨 사건에서는 아버지가 이미 다른 형제에게 금전적 지원을 했더라도 입증이 어려웠을 가능성이 크다. 시간이 많이 지난 후에는 재산을 추적하기 어려워 입증이 더욱 힘들어질 수 있기 때문이다.

또한 이복형제에게 아버지가 금전적 도움을 제공했더라도, 유류분청구자는 그것이 특별수익에 해당하는지를 입증해야 한다. 특별수익으로 인정되려면 상속분의 선급으로 간주될 정도여야 한다. 단순한 학비, 생활비, 비정기적 지원 등은 특별수익으로 인정되기 어렵다. 이런 조건을 충족하지 못했기 때문에 김속상 씨의 주장도 입증이 어려웠을 것이다. 그렇다고 김속상 씨가 이복형제 집에 찾아가 괴롭히거나, 허위사실을 퍼뜨려 명예를 훼손하는 일은 용납될 수 없다.

이와 같은 경우에는 초기에 전문변호사의 도움을 받아, 법적 절차를 통해 정당하게 문제를 해결했어야 한다. 이러한 법적 조언이 있었다면 불필요한 갈등과 처벌을 피할 수 있었을 것이다.

⤷ 상속·증여세 법 요약
- **이복형제도 동일한 상속권:** 법적으로 차별 없음(민법 제1000조).
- **유류분 청구 가능:** 특정 형제에게 과도한 사전증여와 유증이 있는 경우.
- **폭력·협박은 처벌 대상:** 상속협의 시 협박하면 형사처벌 가능.
- **법적 절차 준수:** 상속분쟁은 협의가 우선이나 가정법원에서 조정도 가능.

⤷ 주의사항
- 감정적 대응보다 법적절차를 따를 것이 현명함.
- 상속을 전혀 받지 못한 경우 유류분 청구로 법적 권리보장 가능.
- 상속분쟁이 심할 경우 상속 전문 변호사 상담 필수.

⤷ 핵심교훈
이복형제라도 동일한 상속권을 가지므로, 감정적 분쟁보다 법적 해결책을 모색해야 함!

4

내 상속지분 지키려면
사전증여를 파악하라

　상속재산에 대한 분쟁이 갈수록 급증하고 있다. 부모들의 상속재산이 많아지고 그 시가가 높아짐에 따라 상속인들의 갈등도 늘어나고 있다. 공동상속인들끼리 똑같이 재산을 나누면 좋겠지만, 재산을 물려주는 부모 입장에서는 모두에게 똑같이 나눠 주기 어려운 상황이 많다. 낭비하거나 돈을 잘 관리하지 못하는 자식에게는 많은 재산을 물려줄 수 없고, 잘사는 자식보다 가난한 자식에게 더 주고 싶은 것이 부모의 심정이다. 그러나 부모가 유언이나 사전증여를 통해 적절히 자식들에게 재산을 나눠 주지 않으면 자식들은 똑같이 분배받으려는 욕구가 강해져 분쟁이 생길 소지가 크다. 따라서 피상속인의 사망 이후 상속인들 간에 상속재산 분할심판이나 유류분 청구소송이 많아질 수밖에 없다.

　사전증여는 특별수익이라고도 표현한다. 민법 제1008조는 공동상속인 중 피상속인으로부터 재산의 증여 또는 유증을 받은 자가 있는 경우에 그 수증재산이 자기의 상속분에 달하지 못한 때에는 그 부족한 부분의 한도에서 상속분이 있다고 명시하고 있다. 이는 공동상속인 중 피상속인으로부터 재산의 증여나 유증을 받은 특별수익자가 있는 경우에 공동상속인들 사이의 공평을 기하기 위해 그 수증재산을 상속분의 선급으로 간주하여 구체적 상속분을 산정함에 이를 참작하려는 것이다.

피상속인의 생전증여가 특별수익에 해당하는지 여부는 피상속인의 생전 자산, 수입, 생활수준, 가정상황 등을 참작하고 공동상속인들 사이의 형평을 고려하여 생전증여가 상속인이 될 자에게 돌아갈 상속재산 중 선급이라고 볼 수 있는지 여부에 의해 결정된다. 이는 피상속인이 상속인에게 준 돈이 무조건 특별수익에 해당하는 것이 아니라 여러 가지 상황에 따라 법원이 미리 상속한 것으로 볼 수 있는 것만 특별수익으로 본다는 의미다.

피상속인에게 공동상속인이 있는 경우에는 기여분 등을 고려하여 구체적 상속분을 계산해야 하므로 법정상속분과 차이가 발생하게 된다. 구체적 상속분이 계산된 이후 자신의 유류분에도 못 미치는 상속을 받게 되는 상속인은 유류분 권리를 침해한 다른 상속인을 상대로 유류분 청구를 할 수 있다.

유류분의 구체적 액수를 계산하기 위해서는 공동상속인 중 특별수익을 받은 자가 있는 경우 이를 감안해야 한다. 상속재산 분할심판이 먼저 이루어져 구체적 상속분이 계산된 경우에는 별도로 계산할 필요가 없지만, 상속재산 분할심판이 없을 경우 유류분 소송에서 특별수익을 따져 상속분을 계산한 후 유류분을 정해야 한다. 유류분 청구에서 사전증여는 공동상속인 간에는 기한 없이 모두 포함되지만, 공동상속인이 아닌 경우에는 상속 개시 1년 이내의 증여만 포함된다.

사전증여를 파악하는 것은 소송이나 심판에서 매우 중요하다. 상속재산의 대부분은 부동산과 현금자산이다. 그 외 주식, 회원권, 보석, 그림과 같은 동산이 있을 수 있다. 재판에서는 결국 사전증여된 부동산과 현금을 찾는 것이 중요하다. 부동산 증여의 경우, 부동산의 정확한 주소를 알아야 하는데 이를 알지 못하는 경우에는 피상속인의 재산세 납부 내역을 조회하면 피상속인이 이전에 소유했던 부동산의 소재를 알 수 있다.

또한, 피상속인의 부동산을 증여받지 않더라도 상속인이 부동산을 구입할 때 피상속인으로부터 도움을 받았을 경우도 많다. 이 경우, 피상속인이 사용했던 금융계좌를 모두 조회해 자금의 흐름을 분석해 볼 수 있다. 현금 증여의 경우, 이를 파악하는 것이 어려울 수 있으나 피상속인과 상속인의 계좌를 분석하고 취득한 부동산이나 주식 등의 구입 자금을 파악하면 입증이 가능하다. 다만, 이러한 모든 절차는 소송을 진행하면서 이루어져야 하므로 다소 부담스러운 점이 있다.

상속세를 낼 때에도 사전재산의 파악이 중요하다. 상속세는 피상속인의 사망 당시 재산뿐만 아니라 사전증여한 재산도 포함하여 과세표준을 계산하기 때문이다. 공동상속인의 경우에는 10년 내에 증여한 재산, 공동상속인이 아닌 경우에는 5년 이내에 증여한 재산은 상속세의 과세표준에 포함된다. 국세청 홈택스 홈페이지에서는 '상속재산 및 사전증여 재산조회'를 통해 사전증여 재산을 파악할 수 있다.

이러한 신청을 위해서는 공동상속인들의 모든 위임을 받은 상속인이 대표로 신청해야 한다. 상속세 과세표준 신고기한 만료일 14일까지만 가능하다. 이를 통해 상속개시일 전 피상속인이 증여한 10년 이내의 일반증여 재산과 증여 기간에 제한 없는 창업자금·가업승계 주식 등을 파악할 수 있다. 그렇지만 현금 증여와 같은 부분은 국세청에서도 파악되지 않으므로 이러한 재산은 세무조사를 통해 확인할 수 있다. 상속재산 분할심판이나 유류분 청구에서는 국세청에 대해 사실조회를 통해 이를 확인할 수 있다.

➡ 상속·증여세 법 요약
- **사전증여는 상속재산에 포함:** 상속개시 전에 증여한 재산은 모두 합산됨(민법 제1008조).
- **증여받은 재산만큼 사전증여 받은 상속인은 그 지분에서 차감:** 특정 상속인이 미리 받은 재산은 상속재산에 포함하고 나중에 미리 받은 것을 감안하여 분배.
- **유류분 계산 시 사전증여분 포함:** 유류분 반환 청구 가능.
- **상속인들의 사전증여 재산 내역 철저히 조사:** 사전증여를 파악하지 않으면 자신의 상속지분이 줄어들 수 있음.

➡ 주의사항
- 부모 생전에 특정 상속인이 받은 재산이 있다면 반드시 확인할 것.
- 피상속인의 금융 계좌를 조사하여 사전증여 여부를 파악할 것.
- 사전증여 금액을 반영하지 않고 분배할 경우, 법적 분쟁 가능.

➡ 핵심교훈
부모가 특정 상속인에게 미리 재산을 줬다면, 상속재산에서 이를 포함하여 지분대로 계산하여 공정하게 분배해야 함!

5

돈만 밝히는 자식...
재산 싸움 막기 위한 방법은?

부모의 정신이 온전하지 못한 틈을 이용해 부모의 재산을 노리는 자식이 많다. 70~74세 노인의 치매 비율은 8.8%지만, 75~79세의 치매 비율은 20.7%로 급상승한다. 80세가 넘는 경우에는 3분의 1이 치매 증세를 앓고 있어서 재산 관리능력이 급속도로 떨어진다. 부모가 가지고 있는 부동산과 현금에 의존하는 자식일수록 부모의 재산을 빨리 받고 싶어 하는 마음이 생긴다. 그러다 보면 재산 문제와 관련해 다른 자식들 간에 분쟁이 생길 수 있고, 부모의 진정한 의사에 반해 재산을 처분하기 위해 부모를 속이고 서류를 위조하는 일까지 발생한다. 현실에서 가장 많이 일어나고 있는 상속증여 관련 사건의 모습이다.

부모가 통장관리를 잘 하지 못해 가까이 지내는 자식에게 통장을 맡기는 사례가 많다. 그런 자식은 부모의 통장, 도장을 가지고 있으면서 비밀번호까지 알기 때문에 인터넷을 통해 쉽게 자신의 계좌로 돈을 옮길 수 있다. 특히 부모가 치매에 걸린 상황이라면 다른 자식들은 불안할 수밖에 없다. 부모가 살아 계실 때에는 이러한 내용을 모르다가, 나중에 돌아가신 후에 분쟁이 생긴 뒤에 알게 되는 경우가 많다. 이런 사고를 방지할 수 있는 방법은 무엇일까?

우선, 부모가 살아 계실 때부터 한 자식이 이렇게 부모의 돈을 마음대로 관리하고 인출한다면, 부모에 대해 가정법원에 성년후견을 신청해 제3자가 부모의 재산을 관리하도록 해야 한다. 성년후견은 장애, 노령, 그 밖의 사유로 인한 정신적 제약으로 사무를 처리할 능력이 지속적으로 결여된 경우에 법원의 감독을 받아 재산을 관리할 수 있도록 하는 제도다. 성년후견인은 복수의 후견인을 선정하는 것도 가능하며, 재산 관리뿐만 아니라 신체 관리 등의 업무도 수행한다.

자식이 임의로 돈을 횡령하거나 절취한 사실을 소명하면 그 자식은 후견인이 될 수 없고, 다른 자식이나 법률전문가가 후견인이 된다. 또한 재산을 횡령해 간 자식에 대해서는 손해배상이나 부당이득 반환 소송을 통해 금원을 회수할 수 있다. 이러한 소송은 부모가 피해자인 경우, 부모를 대신하여 후견인이 소송을 진행할 수 있다.

부모가 돌아가신 후에 한 자식이 부모의 돈을 함부로 인출해 간 사실을 알았다면, 상속인으로서 소송이 가능하다. 상속재산은 상속인들 간에 공동으로 상속을 받기 때문에 상속권을 침해당한 상속인은 불법행위를 한 상속인을 상대로 반환청구를 할 수 있다. 상속재산 분할심판을 하면서 부모의 통장에 대한 금융조회를 요청할 수 있으며, 이를 통해 일방적으로 돈을 가져간 상속인의 상속분을 줄이는 것도 고려할 수 있다. 이러한 경우 상속인은 자신이 부모에게 증여받은 것이라고 주장하거나 빌린 돈을 받았다고 항변할 수 있다. 이러한 주장은 주장하는 자가 입증해야 한다.

부모의 통장에서 현금을 인출한 뒤 자신의 통장으로 일부 입금한 경우에는, 그 돈이 부모의 돈으로 간주될 수도 있다. 하지만 법원은 관련 증거를 검토해 판단하기 때문에 명확한 입증이 없다면 불법행위를 한 상속인에게 유리하게 결론이 나올 가능성도 있다. 따라서 부모가 정신이 온전하지 못하나 치매라고 보기 어려운 경우에도 가정법원을 통해 후견인을 선임하는 것이 바람직하다. 특히 상속인들 간의 재산분쟁 가능성이 많다고 판단된다면 성년후견을 적극 활용할 필요가 있다.

성년후견 제도는 부모의 재산이 어느 한 자식에게 일방적으로 가지 못하도록 하는 기능이 있음이 실무자들에게 잘 알려져 있다. 특히 돈을 밝히는 자식은 부모를 모시고 있으면서 다른 자식들은 접근하지 못하게 하고, 부모의 판단을 흐리게 하여 돈을 빼가는 경우가 많기 때문에 주의해야 한다.

➡ 상속·증여세 법 요약

- **성년후견인 제도 활용:** 치매 등으로 판단력 저하 시 재산보호 가능(민법 제9조).
- **후견인은 가정법원이 지정:** 특정 자식이 독단적으로 재산을 관리하지 못하도록 관리 가능.
- **부당한 재산처분 방지:** 향후 상속인 간 분쟁을 줄일 수 있음.
- **횡령 발생 시 법적 대응:** 부모의 재산을 몰래 인출한 경우 횡령죄 성립 가능.

➡ 주의사항

- 부모님이 고령이고 치매 가능성이 높다면 성년후견인 신청을 고려할 것.
- 자식이 부모님의 재산을 임의로 사용하면 법적으로 대응 가능.
- 후견인을 지정하면 특정 자식이 재산을 독점할 위험이 사라짐.

➡ 핵심교훈

부모가 특정 상속인에게 미리 재산을 줬다면, 상속재산에서 이를 포함하여 지분대로 계산하여 공정하게 분배해야 함!

6

상속받은 땅 가보니
누군가 공짜로 쓰고 있다?

상속에 관한 용어들이 혼동되는 경우가 있다. 사전증여, 유증, 사인증여 등의 말 속에는 증여라는 뜻이 포함되어 있으나 미묘한 차이가 있다.

사전증여는 생전에 피상속인이 상속인이나 제3자에게 무상으로 재산을 주는 것이고, 유증은 유언으로 상속인이나 제3자에게 죽은 후에 재산을 주겠다고 하는 것이며, 사인증여는 피상속인이 상속인이나 제3자에게 죽은 후에 재산을 무상으로 주는 것을 약정하는 것이다. 무상으로 재산을 이전하는 것은 같으나 이전의 방법이나 시기가 다르다.

유증은 유언이라는 형식으로 자신의 재산을 누구에게 줄지를 유언자가 정하는 것이다. 유증은 포괄적 유증과 특정 유증으로 구분된다. 재산을 어떠한 비율로 주는 것은 포괄적 유증이고, 특정한 재산을 지정해 주는 것이 특정 유증이다. 포괄적 유증은 상속의 효과와 같기 때문에 포괄적 유증자는 법률상 상속인으로 간주된다.

사례를 보자. 유언을 한 피상속인이 사회복지법인을 설립해 이사장으로서 운영했다. 해당 법인은 이사장 소유의 토지에 건물을 완공했으나 임료를 지속적으로 지급하지 않았다. 피상속인은 토지를 자식에게 유증하고 사망했다. 자식은 유증을 원인으로 소유권 이전 등기를 했다. 자식의 채권자는 자식이 토지의 임료를 해당 법인으로부터 받을 수 있다고 판단해 임료채권에 대해 채권압류 및 추심명령을 한 후에 추심의 소를 제기했다. 해당 법인은 피상속인이 생전에 토지를 무상으로 사용하는 것을 허락했고, 자식이나 그 채권자는 해당 법인에 대해 민법 제1085조에 의해 토지에 대한 해당 법인의 권리를 소멸하는 청구를 할 수 없다고 주장했다.

민법 제1085조는 "유증의 목적인 물건과 권리가 유언자의 사망 당시에 제3자의 권리의 목적인 경우에는 수증자는 유증의무자에 대해 그 제3자의 권리를 소멸시킬 것을 청구하지 못한다"라고 규정하고 있다. 이 규정의 취지는 유언자가 다른 의사 표시를 하지 않는 한 유증의 목적물을 유언의 효력 발생 당시의 상태대로 수증자에게 주는 것이 유언자의 의사라는 것이다. 결국 수증자는 유증의 목적물을 유언의 효력 발생 당시인 유언자의 사망 시의 상태대로 취득하는 것이 원칙이라는 것이다. 그러므로 유증의 목적물에 설정돼 있는 제3자의 권리는 그대로 존속되는 것이고, 이러한 권리의 말소를 상속인이나 유언집행자에게 청구할 수도 없다.

이 사건에서 문제가 되는 것은 '제3자의 권리'에 사용대차의 차주로서의 권리가 포함되느냐이다. 해당 법인이 건물을 사용하면서 토지를 무상으로 사용하는 것은 사용대차의 차주로서의 권리다. 피상속인이 돌아가시기 전까지 해당 법인에게 무상으로 토지를 사용할 권리를 줬는데, 돌아가신 이후에는 그것의 변경이 허용되는가의 여부가 쟁점이었다.

  민법 제1085조에서 '제3자의 권리'에 대한 제한이 없으므로 용익물권, 담보물권 등의 제한물권뿐만 아니라 임차권을 포함한 채권들도 모두 포함된다. 이에 대해 대항력 없는 채권을 가진 제3자가 유증이라는 사정만으로 갑자기 대항력이 생기는 것 같은 효과를 누린 것에 대한 비난도 있다. 그러나 수증자는 이러한 상태의 유언 목적물을 받지 않고 싶다면 유증을 언제라도 포기할 수 있어 수증자에게 가혹하지 않으므로 위 결론은 달라지지 않는다.

  유언자가 어떤 아파트나 오피스텔을 제3자에게 유증하는 경우, 그 아파트나 오피스텔에 임대차가 있는 경우 수증자가 상속인에게 임대차의 말소를 구할 수 있지 않을까 하는 상담을 받은 적이 있다. 그러나 수증자는 임차권이 있는 상태대로 그대로 유증의 효력이 생기므로, 별도로 상속인에게 임대차를 말소해 줄 것을 요구할 수 없다. 임차인이 있는 상태대로 수증자가 소유자가 되면 임대인의 지위를 승계해 임차인에게 임차보증금을 반환하고 명도를 요구할 수 있을 뿐이다.

  유증의 효력이 발생할 당시 부동산에 저당권이나 전세권이 설정된 경우도 마찬가지다. 실제 수증자가 해당 부동산을 통해 획득하는 가치는 전체 부동산의 가치 중에서 이러한 제한물권이 차지하는 가치를 뺀 것이다. 그런 복잡한 부동산을 받기 싫으면 민법 제1074조에 의해 언제든지 유증을 포기할 수 있으니 포기를 선택하는 것도 방법이다.

⟶ 상속·증여세 법 요약

- **상속으로 토지 소유권 승계:** 상속인이 공동으로 상속받음(민법 제1005조).
- **무단 점유자는 명도소송 대상:** 상속인은 점유자에게 명도청구 가능(민법 제213조).
- **10년 이상 점유하면 시효취득 가능:** 권리 없는 점유라도 자주점유라고 믿고 한 점유라면 일정 기간 지나면 소유권 취득 가능(민법 제245조).
- **적극적인 법적 대응 필수:** 점유자가 거부하면 소송을 통해 강제 집행 가능.

⟶ 주의사항

- 상속받은 토지에 무단 점유자가 있다면 즉시 명도소송 검토.
- 10년이 지나면 점유자가 토지 소유권을 주장할 수 있음.
- 등기 이전 후 지적도 확인 및 사용 여부 점검 필수.

⟶ 핵심교훈

상속받은 토지가 있다면 점유 여부를 신속히 확인하고, 무단 점유자가 있다면 즉시 조치해야 함!

7

상속재산 분할협의 서두른다면
의심할 필요 있다

　부모님이 돌아가시고 상을 치르는 데 통상 3일이 걸리는데, 마지막 날은 형제들 간에 재산으로 싸우는 날이라고 한다. 평소에 만나지도 않다가 부모님 상을 치르고 그동안의 감정을 드러내면서 상속재산까지 이야기하다 보면 분위기가 심각해진다. 미리 부모님에게 재산을 많이 받은 형제도 있고, 전혀 받지 못해 마음에 상처를 입은 형제도 있다. 그들은 어렸을 때의 감정들은 기억나지 않고 자신들의 상황에 따른 판단만 해 가족들 간에 말을 해도 상처만 입게 된다. 그래도 부모님이 남긴 재산을 공정하게 분배되기를 바라는 마음에 재산분할 이야기를 하면 도저히 답은 나오지 않고 싸움만 깊어진다.

　상속인들 간에 피상속인의 재산을 어떻게 나눌지에 관해 이야기하는 것을 상속재산 분할협의라고 한다. 상속재산 분할은 그 시기가 정해져 있지 않기 때문에 어느 때나 해도 된다. 통상 상속세 신고를 피상속인이 돌아가신 달의 6개월 이후에 하기 때문에, 상속세 신고를 할 겸 상속재산 분할협의가 이루어지는 경우가 많다. 그러나 정확한 상속재산의 분할을 하기 위해서는 상속인들 중 특별수익을 얻은 상속인의 특별수익도 남겨진 상속재산과 합쳐서 계산해야 하기 때문에, 특별수익의 파악이 중요하다. 피상속인의 남겨진 재산은 안심상속 원스톱서비스를 통해서 파악할 수 있으므로, 이를 먼저 확인해야 한다. 그다음에는 피상속인의 금융계좌를 최소한 10년 내외의 것을 파악해 어느 상속인에게 사전증여를 했는지 파악해야 한다. 이렇게 하다 보면 상속인들이 알지 못하는 사전증여의 규모가 나오게 된다.

특별수익은 상속분의 선급이라 볼 정도여야 하므로, 무조건 돈을 지급했다고 해서 인정되는 것은 아니다. 상속분을 피상속인의 사망 전에 미리 줬다면 그 상속분을 전체 상속재산에 합치는 것이 공평하기 때문에, 특별수익을 파악한 후 합산해 지분대로 계산해야 한다. 특별수익에 해당하는 것은 결혼자금, 부동산자금, 사업자금, 채무 변제 등이 있을 것이다. 그 외에 소규모의 유학비나 학자금, 생활비 등은 특별수익에 포함되지 않는다. 특별수익에 포함되는 재산은 그 시기가 한정되지 않는다. 부동산이든 현금이든, 그 시기에 상관없이 분할해야 할 상속재산에 포함된다.

상속인 중에 상속세 신고를 위해 6개월 이내에 빨리 상속재산 협의를 해야 하고, 나중에도 변경할 수 있다고 이야기하는 경우가 있다. 그러나 상속재산 분할협의를 반드시 피상속인이 돌아가시고 나서 6개월 이내에 해야 한다는 규정도 없고, 나중에 변경하기도 어려운 것이 사실이다. 상속재산 분할협의는 모든 상속인이 합의해야 하는 것이니, 다시 원래대로 돌리기 위해서는 전원의 합의가 필요하다. 한 명의 상속인만 취소한다고 해서 그 효력이 없다.

그리고 재산분할협의를 다시 하고 등기까지 마쳤다면, 그 등기를 다시 이전하면 취득세를 다시 부담하고 양도소득세나 증여세까지 부담할 수도 있다. 상속재산 분할협의를 모두 마친 경우에는 특별한 사정이 없으면 유류분 청구권도 포기한 것으로 보는 것이 법원의 입장이다. 그래서 상속재산 분할협의는 매우 신중하게 해야 하고, 함부로 상속재산 분할협의서에 도장을 찍어서는 안 된다.

다시 말해, 상속재산 분할협의는 빨리 할 필요가 없다. 빨리 서두르는 상속인은 의심할 필요가 있다. 피상속인의 숨겨진 재산이 나중에 발견된 경우에는 다시 상속재산 분할협의를 할 수는 있다. 그러나 자신이 다른 상속인 몰래 많은 재산을 사전 증여받았다면, 빨리 상속재산 분할 협의를 해서 다른 상속인들이 눈치를 못 채게 할 수도 있다. 상속재산 분할 협의를 하기 위해서는 신중하게 피상속인의 계좌, 부동산 소유 이력, 채무관계 등을 유심히 살펴야 하고, 다른 상속인과의 의견 차이가 큰 경우에는 가정법원에 상속재산 분할심판 청구를 통해서 해결해야 한다.

특히 피상속인의 재산의 형성과 유지에 큰 기여를 한 사람은 반드시 상속재산 분할심판을 통해서 그 기여도를 인정받아야 자신의 정당한 상속재산을 지킬 수 있다. 자신의 근로소득만으로는 부모의 재산 상속만큼 벌지 못하는 세대가 됐다. 로또라고 불리는 상속재산의 분배에 있어 신중할 필요가 있으므로, 상속재산 분할협의는 서두르지 않는 것이 좋다.

▣ 상속·증여세 법 요약
- **상속재산 협의는 신중하게 진행:** 서둘러 협의하면 나중에 번복이 불가능함.
- **특정 상속인이 이득을 볼 가능성 있음:** 분할협의서를 빠르게 작성하면 불공정한 결과 초래 가능.
- **상속세 신고 기한 6개월:** 재산 분할 전 충분한 조사가 필요함.
- **모든 상속인이 동의해야 유효:** 한 명이라도 반대하면 상속재산 분할협의 자체가 무효.

▣ 주의사항
- 분할협의 전 상속재산 및 사전증여 내역 철저히 검토.
- 서둘러 도장을 찍으면 번복이 불가능할 수 있음.
- 변호사 또는 전문가와 상의 후 진행할 것.

▣ 핵심교훈
상속 분할협의는 신중하게 진행해야 하며, 서두르는 상속인이 있다면 반드시 의심하고 사전증여 재산내역을 철저히 검토해야 함!

8

고스톱뿐만이 아니다...
'짜고 치는 상속포기'도 있다

안기수 씨는 수도권 대규모 개발 소식으로 땅값이 오르자 그 땅을 팔고 내야 하는 양도소득세 5억 원을 일부러 내지 않았다. 자신의 이름으로 재산을 가지지 않았고, 수억 원의 세금을 내지 않기 위해 신고도 하지 않았다. 세무서는 안 씨에 대해 양도소득세를 부과하고 세금을 추징하려고 했지만, 가진 재산이 없어서 추징할 수 없었다. 그런데 안 씨의 모친인 김말녀 씨는 서울 강남에 30억 원 상당의 아파트 한 채를 소유하고 있었다. 안 씨는 어머니가 돌아가신 후 그 아파트를 상속받으면 세금 추징을 당할 것이 걱정됐다.

그런 와중에 어머니가 갑자기 돌아가시게 되자 동생에게 자신이 세금을 체납한 사정을 알리면서, 자신은 상속을 포기할 것인데 대신 자신의 지분에 상당하는 돈을 지분 가치보다는 적게 받을 테니 현금을 달라고 했다. 동생은 안기수 씨의 요구를 들어주면 더 많은 지분을 가질 수 있다는 생각에 승낙했다. 동생은 안기수 씨의 부인에게 돈을 현금으로 주고 상속 협의를 다 마쳤다.

세무서는 안기수 씨가 고액의 세금을 체납한 사정과 어머니로부터 상속받을 재산이 많았음에도 불구하고 상속포기한 사정을 인지하고 조사에 나섰다. 안 씨가 상속포기할 사정이 없음에도 상속포기를 한 것은 상속받으면 세금을 추징당할 것이 두려워서였다는 것을 누구라도 알 수 있다. 조사 결과 안 씨가 상속포기하고 동생으로부터 거액의 현금을 수령한 사실을 밝혀냈다. 그래서 세무서는 안 씨의 동생이 상속받은 아파트에 처분금지 가처분을 하고, 안 씨의 세금포탈을 도운 부인과 동생을 체납처분 포탈범으로 경찰에 고발했다. 세무서는 동생이 상속받은 아파트에 대해 사해행위 취소소송을 제기했고, 법원에서 승소판결을 받아서 그 아파트를 처분해 세금을 추징할 계획이다.

이 사건은 전형적인 '짜고 치는 상속포기' 사건이라고 할 수 있다. 국세청이 2024년에 고액 체납자에 대한 세무조사 중 상속재산이나 골프 회원권 등 각종 재산권을 지능적인 수법으로 빼돌린 285명을 적발했다고 한다. 거액의 채무나 세금이 있는 사람들은 상속받게 되면 자신의 채권자나 국가에 돈을 갚아야 하는 사정이 생기므로 상속받지 않는 것처럼 위장하려고 한다.

아예 상속을 포기하려는 채무자도 있겠지만, 거액의 상속을 받게 되는 경우 한 푼도 안 받는 상속포기를 선택할 상속인은 없다. 거액의 상속을 받는 상속인이 쉽게 상속포기를 했다는 것을 믿을 수 없으므로 그러한 경우 세무조사의 대상이 되기에 충분하다. 세무서는 피상속인의 사망 사실, 사망 당시의 재산상태에 대해 속속들이 알고 있다. 상속인들이 세금을 내지 않기 위해 상속을 포기한 사정이 발견되면 세무서는 사해행위 취소소송이나 조세포탈범 고발을 통해서 체납된 세금을 환수할 수 있다. 상속인들끼리 현금으로 주고받으면 세무서가 모를 것이라고 생각하면 오산이다.

안기수 씨의 상속포기는 유효할까? 일단 법원에 상속포기 신청을 하고 법원이 상속포기 결정을 하면 상속포기는 효력이 있다. 그런데 그 의도가 '자신의 세금을 추징당할 것이 두려워서'이고, 다른 상속인으로부터 현금으로 돈을 수령했으므로 실질적으로는 자신의 상속분에 대해 현금 청산을 받은 것과 마찬가지다. 다른 상속인으로부터 돈을 받은 것은 실제 상속포기 의사와 다른 행동이므로 상속포기라고 볼 수 없다. 그러므로 세무서는 이러한 경우 상속포기의 효력을 부인하고 실제 받은 금원만큼 상속받은 것으로 처리해 다른 상속인이 받은 재산에 대해 사해행위 취소소송에서 승소할 것이다. 상속포기는 사해행위 취소의 대상은 아니지만, 상속재산 분할협의는 사해행위 취소가 가능하다는 점에서 이 소송에서 사실상 상속재산 분할협의가 취소대상이 될 것이다.

체납처분 포탈범의 처벌 수준은 조세범처벌법 제7조에 의해 납세 의무자는 '징역 3년 이하 내지 3000만 원 이하의 벌금'에, 납세 의무자를 도운 방조자나 허위 계약서 승낙자는 '징역 2년 이하 내지 2000만 원 이하의 벌금'에 처하도록 돼 있다. 짜고 치는 가짜 상속포기를 하다가 들키면 체납한 세금의 가산세를 추가로 납부해야 할 뿐만 아니라 전과자가 될 수 있으니 하지 않는 것이 좋다.

➡️ 상속·증여세 법 요약

- **상속포기는 일정한 사유가 있어야 인정:** 고의적인 상속포기는 조세포탈로 처벌 가능.
- **세금회피 목적의 상속포기는 불법:** 세무당국이 조사시 상속포기로 보지 않고 세금부과 가능.
- **실제로 상속받고 돈을 받으면 상속포기 무효:** 서류상 포기했더라도 현금을 받은 기록이 있으면 상속포기는 효력이 없고 상속채무를 부담해야 함.
- **세무서 조사 가능:** 탈세 혐의가 있으면 국세청 조사가 들어올 수 있음.

➡️ 주의사항

- 조세포탈 혐의로 형사처벌 받을 수 있음.
- 가족 간 분쟁 시 상속포기가 법적으로 인정되지 않을 가능성 높음.
- 모든 법적 절차를 투명하게 진행해야 함.

➡️ 핵심교훈

세금회피를 위해 상속을 포기하는 것은 불법이며, 들킬 경우 형사처벌 대상이 될 수 있음!

9

사망신고 서둘러야
자식 간 분쟁 막을 수 있다

부모님이 돌아가시기 전에 장기간 요양원에 있거나 병원에서 치료를 받다 보면 돈 관리를 배우자나 자식들에게 부탁하는 경우가 많다. 돈 관리는 믿는 사람에게 맡기기는 하지만, 돌아가신 분의 관리가 소홀하면 관리하는 사람이 돈을 횡령하는 경우도 많다. 심지어는 병원에서 돌아가시기 전에 돈을 인출하거나 돌아가신 후에도 가지고 있는 카드나 OTP(일회용 비밀번호)를 이용해 인출하거나 이체하기도 한다. 이러한 문제를 미리 방지하기 위해서는 피상속인이 돌아가신 후에 바로 사망신고를 하고, 행정안전부에서 제공하는 안심상속 원스톱 서비스(사망자 등 재산조회 통합신청)를 신청해야 한다.

안심상속 원스톱 서비스는 상속인이 금융거래(예금·대출·보험·증권 등), 토지, 건축물, 자동차, 세금(국세·지방세), 연금(국민·공무원·사학·군인연금, 근로복지공단 퇴직연금), 공제회(건설근로자·군인·과학기술인·한국교직원·대한지방행정공제회) 가입 여부 등 사망자(또는 피후견인)의 재산조회를 한 번에 통합 신청할 수 있는 제도다.

주민센터에 직접 가서 신청할 수도 있지만, 행정안전부 콜센터나 정부 24 콜센터로 전화를 하거나 인터넷(정부24 홈페이지)으로 바로 서비스를 이용할 수 있다. 이 신청을 하면 금융기관에 피상속인의 사망 사실이 자동으로 통보돼 피상속인 금융계좌의 지급이 정지된다. 안심상속 원스톱 서비스를 이용하려면 피상속인의 사망진단서나 시체검안서가 필요하다.

그런데 통상 피상속인이 사망한 후에 장례 준비를 하느라 정신이 없고, 발인까지 3일 이상이 걸리며, 그 후에도 시간을 놓쳐 안심상속 원스톱 서비스를 신청하지 못하는 경우가 많다. 그 사이에 돈을 관리하고 있던 배우자나 자녀가 피상속인의 금융재산을 인출해 빼돌린 경우에는 어떻게 해야 할까?

우선 배우자가 다른 상속인의 동의 없이 피상속인의 사망 이후에 피상속인의 현금카드를 이용해 돈을 인출한 경우에는 절도죄로 처벌받을 수 있다. 배우자가 피상속인이 살아 있을 때 피상속인의 재산을 훔친 경우에는 친족상도례에 의해 형사처벌을 받지 않는다. 그러나 피상속인이 사망한 경우 카드를 사용해 현금인출기에서 돈을 빼는 경우에는 피해자를 점유자인 금융회사로 보아서 절도죄로 처벌이 가능하다. 사실혼 배우자는 피상속인이 살아 있을 때 카드를 통해서 돈을 가져가게 되면 친족상도례가 적용되지 않고 절도죄가 적용된다. 친족상도례는 사실혼 배우자에게는 적용되지 않기 때문이다. 배우자나 자녀가 피상속인이 돌아가시기 전에 현금카드를 훔쳐서 돈을 인출한 경우에는 절도죄와 컴퓨터 이용 사기죄로 처벌된다. 이러한 경우에도 피해자가 은행이라서 친족상도례가 적용되지 않는다.

피상속인의 재산보다 채무가 많은 경우는 상속인은 상속포기나 한정승인을 할 수 있다. 그러나 상속인이 피상속인의 사망신고 전에 예금을 인출한 경우에는 상속재산을 처분하는 것과 같으므로 법정 단순승인 사유에 해당해 피상속인의 채무를 모두 상속받게 된다. 돈을 조금만 인출했을 뿐인데 모든 채무를 다 지게 되는 셈이다. 즉 사망신고 전에 돈을 인출하는 것은 범죄가 되기도 하지만 나중에 상속포기나 한정승인도 할 수 없는 사유가 된다. 형사처벌도 받고, 피상속인의 채무도 모두 상속받아서 빚쟁이가 될 수 있으니 이런 행위를 해서는 안 된다.

이러한 상속인의 일탈 행위를 방지하기 위해서는 피상속인의 사망 이후에 바로 사망진단서를 가지고 안심상속 원스톱 서비스를 신청하는 것이 바람직하다. 지체된 시간만큼 문제가 있는 상속인이 피상속인의 금융재산을 빼앗아갈 것이고, 나중에 이를 회복하려면 더 많은 노력이 필요하다. 이런 범죄를 저지르는 사람들은 형사처벌보다 당장 자신의 경제적 궁핍이 더 무섭다. 부모님의 사망 소식에 신고부터 하는 것이 자식이 돈만 보고 하는 행동이라기보다는 더 많은 분쟁을 예방할 수 있는 방법이니 상속인들에게 따로 동의를 구하기보다는 신속하게 하는 것이 낫다.

➡ 상속·증여세 법 요약

- **사망신고 후 '안심상속 원스톱 서비스' 신청:** 상속인의 금융조회 및 재산확인 가능.
- **사망신고 지연 시 금융계좌 무단인출 위험:** 배우자나 자식이 임의로 인출하면 절도죄가 성립할 수도 있음.
- **사망 전 예금인출의 법적 책임:** 사망 전 출금한 금액도 상속재산에 포함되므로, 법적으로 문제될 수 있음.
- **상속포기 및 한정승인 영향:** 사망 후 예금을 인출하면 상속포기가 불가능할 수도 있음.

➡ 주의사항

- 사망 후 즉시 사망신고하고 금융계좌 지급 정지 신청.
- 상속재산 내역을 확인한 후 상속재산 분할협의 진행.
- 무단인출이 발생하면 형사상 횡령죄로 법적 대응 가능.

➡ 핵심교훈

사망신고를 신속히 진행하여 불필요한 가족 간 분쟁을 방지하고, 상속재산을 보호해야 함!

10

♔ 재산 오빠가 꿀꺽...
5년 후 유류분 청구 가능할까?

결혼 후 외국 생활을 하던 김미영 씨는 오빠가 5년 전에 돌아가신 아버지로부터 받은 재산이 별로 없다고 하면서 오빠가 주는 3천만 원을 받고 상속재산이 정리된 섯으로 알았다. 그 후 오빠는 김미영 씨에게 아버지 재산에 대한 것을 자세히 알려준 적이 없고, 어머니가 돌아가신 후에 아버지의 상속 문제가 다시 나오자 모두 유언에 따라 처리된 것이라고 말했다. 그런데 아버지의 유언장을 우연히 확인한 김미영 씨는 아버지가 오빠에게 서울 요지에 있던 건물 1동을 유증한 사실을 알게 되었다. 김미영 씨는 이미 아버지가 돌아가신 지 5년이나 지났으니 유류분 청구를 돌아가신 후 1년 내에 하는 것으로 알고 있어 유류분 청구를 하지 못하는 것으로 알고 있었다. 과연 김미영 씨는 오빠에 대하여 유류분 청구를 할 수 있을까?

우선 정답은 '가능하다'이다. 민법 제1117조는 유류분 반환 청구권의 소멸시효에 대해 안 날로부터 1년, 상속이 개시된 때로부터 10년 이내에 행사할 수 있다고 규정하고 있다. 여기서 '안 날'이란 유류분 권리자가 상속의 개시뿐만 아니라 반환해야 할 증여나 유증이 있었다는 사실을 안

때이다. 필자는 유류분 소송을 준비하는 당사자들에게 소송은 부모님이 돌아가신 후 1년 내에 제기하는 것이 안전하다고 말씀드린다. 위와 같은 경우 김미영 씨는 상속개시 시부터 5년이 지난 후에야 오빠의 유증 사실을 알게 되었으나, 상속개시 시부터 10년이 지나지 않았으며, 그러한 사실을 안 때로부터 1년도 되지 않았으므로 유류분 청구가 가능하다.

어머니는 자신의 큰아들을 너무 사랑해 큰아들에게 모든 재산을 물려주려고 딸인 김혜영 씨에게는 상속재산 이야기를 하면서 시집갈 때 크게 도와주었으니 자신이 죽으면 어머니 재산과 관련된 아무런 청구도 하지 않겠다고 약속해 달라고 하였다. 김혜영 씨는 어머니의 간곡한 부탁이 있기도 하고, 오빠와 다투는 것도 좋지 않다는 생각에 유류분 및 상속을 모두 포기하고 아무런 재산도 받지 않겠다는 내용의 서류를 어머니 돌아가시기 전에 작성해 주었다. 그런데 나중에 알고 보니 어머니의 상속재산이 생각보다 많았고 큰아들에게 다 주는 것은 부당하다고 생각하여 유류분 청구를 하고 싶은데 가능할까?

이 또한 정답은 '가능하다'이다. 민법 제1019조에서 상속포기는 상속개시 있음을 안 날로부터 3월 내에 할 수 있고, 이러한 경우 법원에 상속포기 신청을 해야 한다고 되어 있다. 그래서 상속포기는 피상속인이 돌아가셔야만 가능하다. 즉 피상속인 사망 전에 상속포기를 하는 것은 법이 허용하지 않고 있다. 다만 상속포기를 미리 하기로 약속했던 사람이 피상속인의 사망 이후에 상속포기를 하지 않는 것을 신의칙 위반이라고 주장할 수 있느냐의 문제가 생길 수 있다. 그러나 이러한 것도 법원은 인정하지 않고 있다. 그래서 피상속인이 돌아가시기 전에 상속이나 유류분 권리를 포기하는 내용으로 서류를 작성하였다고 하더라도 그것은 효력이 없다.

김지영 씨는 대학 졸업 후에 아버지가 하던 사업을 같이하였으나 아버지보다 사업능력이 뛰어나서 더 많은 매출을 올리고 이익을 배당받았다. 아버지가 오랫동안 아픈 동안에도 혼자 사업을 계속 유지하면서 키워나가고 있었는데, 그 당시의 수익금으로 아버지 명의의 토지와 건물을 매입하였다. 그런데 아버지는 그 재산을 큰오빠에게 다 주겠다고 유언을 하였고, 아버지가 돌아가시자 큰오빠는 김지영 씨에게 아무것도 주지 않고 그 부동산을 모두 취득했다. 이런 경우 김지영 씨가 오빠에 대한 유류분 청구 소송을 할 때 기여분 주장이 가능할까?

이것도 '가능하다'이다. 우리 대법원은 유류분 청구에서 기여분이 별도 소송에서 정해져 있지 아니한 기여분 항변은 인정되지 않는다고 판시해 왔다. 그러나 최근 대법원이 사실상 기여분을 근거로 유류분 기초재산에서 제외하여 특별수익한 재산을 유류분으로 반환하지 않을 수 있다는 판례를 내놓았다. 실질적으로 기여한 부분에 대하여 상속재산 분할심판에서는 인정할 수 있지만 유류분은 이를 판단할 법적 장치가 없기 때문에 해석상으로 가능하게 한 것이다. 새로운 판결은 기여분의 요건과 동일한 '특별한 부양, 재산의 유지 또는 증가에 특별히 기여'할 것을 조건으로 그렇게 형성한 재산을 유류분 기초재산에서 제외할 수 있다고 판시했다. 특히 배우자의 경우 일생동안 같이 재산을 획득 및 유지하기 위하여 노력하고, 자녀들에 대한 양육과 지원을 계속해 온 경우 생전증여를 특별수익에서 제외하는 것이 자녀인 공동상속인들과의 관계에서도 공평에 반하지 않는다고 판시하여 배우자에게 사전증여한 재산을 유류분 기초재산에서 제외할 여지를 남겨 놓기도 했다.

유류분 제도가 헌법재판소에서 위헌이 되었다고 하더라도 앞으로 기본적인 내용은 유지되고, 위헌적인 부분만 개선될 예정이다. 지금도 유류분에 대한 정확한 지식을 가지고 소멸시효를 놓치지 않고 재판을 제기해야 자신의 권리를 지킬 수 있다는 점을 강조하고 싶다.

➡ 상속·증여세 법 요약
- **유류분 청구 가능 기한:** 상속개시 후 10년 또는 유류분 침해 사실을 안 날로부터 1년 이내.
- **사전증여도 유류분 포함:** 특정 상속인이 생전에 증여받은 재산도 유류분 반환 대상.
- **소멸시효 초과 시 권리 상실:** 10년이 지나면 청구 불가.
- **법적 대응 필수:** 오빠가 재산을 독점한 경우 변호사를 통해 법적 조치를 취해야 함.

➡ 주의사항
- 유류분 청구는 반드시 기한 내에 해야 함.
- 상속재산 내역을 확인한 후 상속재산 분할협의 진행.
- 상속분 확인 후 소송을 고려해야 함.

➡ 핵심교훈
유류분 청구는 기한 내에 해야 하며, 5년이 지나도 법적 대응이 가능할 수 있음!

11

사실혼 배우자는 상속권이 없다...
이렇게 하라

어떤 사유로 법률혼에 이르지 못하고 사실혼 단계에 있는 부부들이 있다. 그런데 갑자기 한 사람이 죽으면 사실혼 배우자는 상속권이 없어서 재산을 상속받을 수 없다. 사실혼 배우자의 상속권이 없다는 점에 대한 헌법소원에서도 헌법재판소는 '위헌은 아니다'라는 결정을 내렸다.

사실혼의 경우 사실혼 해소 시에 재산 분할이나 위자료 청구가 가능하다. 그런데 배우자가 사망한 경우에는 재산 분할도 할 수 없고, 상속도 받을 수 없는 상황이 되어 난처해진다. 사실혼이 맞는지에 대해서도 배우자의 상속인들과 다툼이 일어나는 경우도 있다. 같이 살지 않고 연애하는 수준으로는 사실혼이라고 할 수 없다. 친척이나 지인들이 보아도 부부라고 볼 만한 외형이 있으며, 같이 공동으로 생활하는 수준은 돼야 한다.

혼인을 많이 하지 않는 이 시대에 사실혼 단계에 있던 중에 사실혼 배우자가 사망한 경우 남은 사람은 어떻게 자신의 권리를 찾을 수 있을지에 대한 상담이 상당히 있다. 법률혼은 혼인신고를 함과 동시에 성립된다. 법률혼은 가족관계증명서만으로 쉽게 증명이 된다. 그런데 사실혼 관계는 이를 공적으로 인정하거나 확인해 주지 않기 때문에 인정받기 어렵다. 결혼식을 하고 결혼신고를 하지 않은 상태도 사실혼이다. 사실혼은 법률혼과 혼인신고를 하지 않은 점을 빼고는 차이가 없다.

그러나 법적으로는 명백히 다르다. 최근에는 법률혼을 한 후에 이혼을 하면 재산 분할 시 재산을 가진 자에게 불리한 경우가 많아서 혼인을 꺼려한다. 이혼한 후에 새로운 사람을 만나면 굳이 혼인신고를 하기보다는 그냥 같이 동거하면서 생활하는 경우도 많다. 사실혼은 같이 동거하는 수준을 넘어 대외적으로 부부 행세를 해야 한다. 자기들만 부부로 인식하고 다른 사람들은 그렇지 않다고 생각하면 사실혼으로 보기 어렵다. 어차피 사실혼이 문제가 되는 경우에는 제3자가 판단하기 때문에 혼인 생활의 외형이 필요하다.

배우자가 말기암으로 곧 사망에 이를 것이 예상되는 경우에 사실혼 해소를 위한 재산 분할을 하기도 어렵다. 법원에 소송을 제기하면 오랜 시간이 걸리고, 상대방의 동의가 없다면 재산 분할 합의를 할 수 없다. 상속인이 있다면 배우자가 죽은 후에 이에 대해 법적으로 이의를 제기할 것도 예상할 수 있다.

배우자가 만약 상속인이 없다면 사실혼 관계자가 민법 제1057조의2의 특별연고자로서 상속재산 분여를 청구할 수 있다. 상속인이 있는 경우에는 재산 분할을 하지 못하지만 자신이 배우자의 재산 형성을 위해 돈을 빌려준 것이 있다면 그 돈의 반환을 청구할 수 있다. 그렇지 않고 공동으로 생활하면서 살림하는 방식으로 기여를 했다는 주장은 받아들이기 어렵다. 그것은 상속인만 기여분 청구를 할 수 있기 때문이다.

배우자와 거주하는 동안 배우자로부터 돈을 받은 것이 있다면 그것이 생활비임을 소명해야 할 수도 있다. 배우자의 상속인이 상속세 신고를 위해 10년 통장을 검토하는 경우 돈을 송금한 것이 있으면 그 반환을 청구할 수도 있기 때문이다. 금액이 큰 경우에는 세무조사를 통해 증여세 문제도 생길 수 있다.

사실혼 배우자가 자신의 권리를 확보하기 위해서는 돌아가실 배우자에게 미리 유언이나 증여를 할 것을 권할 수 있다. 사실혼 배우자는 상속권이 없으므로 이를 배려해 일정한 재산을 미리 주거나 유증을 하는 것이다. 그럴 수 없는 상황이라면 사실혼 배우자는 다른 배우자를 상대로 사실혼 관계 확인의 소를 제기할 수도 있다. 법원에서 사실혼 관계에 있었다는 판결을 받으면 나중에 사실혼 배우자로서의 권리 행사가 쉬워진다.

우선 사실혼 배우자는 국민연금공단에 유족연금 청구를 할 수 있다. 유족연금은 10년 미만, 10년 이상~20년 미만, 20년 이상 등 사망자의 국민연금 가입 기간을 3단계로 나눠 기본연금액(가입 기간 20년인 가입자가 받는 연금액)의 일부에다 가족수당 성격의 부양가족 연금액을 더해 매달 지급된다.

사망한 배우자가 공무원인 경우에도 사실혼 배우자가 공무원연금공단에 유족연금 청구를 할 수 있다. 근로기준법상 유족보상, 산업재해보상보호법의 유족연금도 사실혼 배우자가 청구할 수 있다. 주택임대차의 경우에도 주택임대차보호법 제9조에서 사실혼 배우자의 주거권을 보장하고 있다. 이러한 청구들은 사실혼을 객관적으로 입증하는 것을 전제로 함을 명심해야 한다.

➡ 상속·증여세 법 요약

- 사실혼 관계 여부는 상속인들과 다툼이 될 수 있으며, 대외적으로 부부로 인정될 정도의 공동 생활이 있어야 사실혼으로 인정받음.
- 사망한 배우자의 상속인이 없는 경우 특별연고자로서 상속재산 분여를 청구할 수 있음.
- 상속인의 상속세 신고 과정에서 금전거래 내역이 드러나면 반환 청구 또는 증여세 문제로 이어질 수 있음.
- 사실혼 배우자가 사망 후 재산을 확보하려면 생전에 유언이 있어야 하며, 다툼이 있으면 사실혼 관계 확인의 소를 통해 법적 인정을 받아야 함. 또한, 유족연금(국민연금, 공무원연금, 산재보상 등) 및 주택임대차보호법을 통해 일부 권리를 행사할 수 있지만, 객관적인 사실혼 입증이 필수.

➡ 주의사항

- 사실혼 관계 입증이 어려움.
- 연애 수준의 동거는 사실혼이 아님.
- 부부로서의 공동 생활을 지속하고, 제3자가 보아도 부부로 인정할 만한 외형이 있어야 함.
- 금전거래 주의.
- 사실혼 배우자가 생전에 받은 돈이 있으면 생활비였음을 입증해야 함.
- 그렇지 않으면 상속인이 반환을 청구할 수도 있고, 증여세 문제가 발생할 수도 있음.

➡ 핵심교훈

사실혼 배우자는 법적으로 상속을 받을 수 없으므로 생전에 유언이나 증여로 재산을 확보하는 것이 가장 중요한 대비책이다. 또한, 유족연금, 보상금 등을 적극적으로 청구하여 법적으로 인정받을 수 있는 권리를 활용하는 것이 필요!

12

이혼·상속을 둘러싼 재산분쟁의 비극

경기 이천경찰서는 사망한 아버지의 시신을 1년 7개월간 냉동고에 보관해 온 40대 아들 홍길동(가명)을 시체은닉 혐의로 구속했다. 홍길동은 왜 사망 처리를 하지 않고 아버지의 시신을 그렇게 오랫동안 그대로 두었을까? 사연은 이렇다.

홍길동은 2023년 4월 이천에 홀로 살고 있는 70대 아버지의 집을 방문했다가 아버지가 숨진 것을 발견하고, 아버지 집에 있는 김치냉장고에 시신을 유기했다. 아버지의 친척들은 1년 이상 아버지가 사라지자 법원에 실종선고 신청을 했다. 외동아들인 홍길동은 경찰이 아버지의 실종 수사를 시작하자 변호사와 함께 경찰에 가서 자수했다. 그가 아버지를 냉동 보관하고 사망신고를 하지 않은 이유는 수사를 통해 밝혀졌다.

아버지는 살아 계시는 동안에 홍길동의 계모와 이혼소송 중이었다. 홍길동은 이혼소송을 하면 아버지의 재산을 계모에게 일부만 나눠 주면 되는데, 아버지가 돌아가시면 이혼소송은 더 이상 진행되지 않아 종료되고,

계모가 법정지분으로 5분의 3을 가져가게 되는 것을 걱정했다. 아버지의 재산 중에는 홍길동이 살고 있는 집도 포함돼 있어서 계모가 더 많은 지분을 가져가면 집에서 쫓겨나야 하는 상황이기도 했다. 홍길동은 이혼재판이 그대로 끝나면 자신에게 불이익이 생길 것 같아서 아버지 시신을 냉장고에 보관하고 사망신고를 하지 않았던 것이다.

이 사건은 상속과 이혼이 결합돼 발생한 사건으로, 아버지의 시신을 장기간 보관하여 소송을 지연했다는 점에서 매우 특이한 사례다. 실제로 상담을 해보면 우리 사회에 재혼 가정이 상당히 많다. 과거에는 남성들이 두 번 이상 결혼하면서 계모자 관계가 많았으나, 지금은 재혼이 흔해서 남녀 모두 이러한 상황에 처할 수 있다. 부모의 이혼으로 자식에게 갈 상속재산이 줄어드는 문제가 생기고, 계모의 경우에는 상대방 자식이 상속을 받지 못하므로 자식들은 부모의 이혼에 대해 관심을 가질 수밖에 없다. 홍길동의 입장에서는 아버지가 최대한 계모에게 재산분할을 해주지 않아야 자신이 사는 집도 지키고, 상속재산을 모두 받을 수 있다고 생각했을 것이다.

재판 중에는 소송 당사자가 사망했다고 알려주지 않는 한 재판부로서는 사망 사실을 알 수 없다. 이혼재판은 일신전속적인 성격이 강하여, 특히 이혼할지 여부는 상속인에게 승계되지 않는다. 재산 분할의 경우도 이혼을 전제로 하는 것이므로 이혼이 성립하지 않으면 청구할 수 없고, 위자료의 경우에는 사망하더라도 상속인의 청구가 가능하다.

최근 대전지법 천안지원은 남성 A씨와 사실혼 관계에 있던 여성 B씨에게 살인미수교사 등 혐의로 각각 징역 7년과 5년을 선고했다. 이들은 이혼을 고민하던 유부녀 C씨에게 접근해 A씨와 내연 관계를 맺고, 남편을 살해하도록 부추겼다. 그 이유는 이혼으로 받는 재산보다 상속을 통해 받는 재산이 더 많았기 때문이다. C씨는 이들의 제안을 듣고 2021년 8월 자신의 아파트에서 남편을 살해하려 했으나 미수에 그쳤다. 이후 남편은 계속된 이혼소송과 사업상 문제로 고민하다가 2024년 1월 스스로 자살을 선택했다. C씨는 A씨와의 내연 관계가 드러나자 A씨 부부에게 1억 원을 건넸으나, A씨는 C씨가 남편 사망 후 거리를 두려 하자 감금·폭행하며 15억 원을 요구했고, 결국 C씨는 경찰에 신고했다.

재판부는 피고인들이 금전적 이득을 얻기 위해 깊은 관계를 맺었고, C씨 남편이 사망하면 상속재산을 취득하게 되는 C씨에게 더 많은 이득을 얻어낼 수 있다는 계산 아래 살인을 교사했다는 이유로 중형을 선고했다. 한편, C씨도 살인미수 등 혐의로 재판에 넘겨져 징역 3년에 집행유예 5년을 선고받았다. 배우자와 이혼만 했으면 좋았을 텐데 상속을 선택함으로써 더 큰 비극이 되었고, C씨는 민법 제1004조 제1호에 의해 상속 결격이 되어 남편으로부터 상속받은 것이 효력을 잃게 됐다.

상속과 이혼이라는 문제가 동시에 생길 때, 배우자나 상속인이 분할하거나 상속받을 재산은 각자의 사정에 따라 다르다. 이혼은 신분법상의 행위로 보지만 이와 관련된 재산 분할이 가장 큰 쟁점이 되는 경우가 많다. 상속은 신분법상의 행위보다는 재산법상의 행위로 본다. 다만 상속포기는 예외다. 이혼과 상속 모두 분쟁이 재산에 집중되다 보니 범죄로 이어질 확률도 높아진다. 살아 있는 사람과 죽은 사람과의 이별 또한 남은 자에게는 힘든 과정이 될 수 있다. 그러나 상속재산이 진정 망자의 뜻에 따라 분배돼야 함에도 불구하고 계속되는 분쟁을 보면 성악설이 맞는 것처럼 보이기도 한다.

➡ 상속·증여세법 요약
- 이혼소송 중 일방이 사망하면 소송은 종료되어 이혼할 수 없고, 배우자가 상속인의 자격은 유지함.
- 재혼가정에서는 계부나 계모에 대하여 다른 자식들은 상속권이 없어서 법적 다툼의 가능성이 많음.
- 상속결격 사유는 상속인이나 피상속인에 대한 고의적 사망이나 상해죄, 상속 관련 문서의 위조죄 등은 민법 제1004조에 따라 상속권리 상실. 부양의무를 저버린 직계존속도 상속결격 사유에 포함됨.

➡ 주의사항
- 고의적으로 상속을 미루고자 사망 사실을 신고하지 않고 시체를 처분한 경우 사체은닉죄로 형사처벌됨.
- 재혼가족의 경우 상속분쟁이 생길 가능성이 높기 때문에 사전에 재산상속에 대한 기준을 세워놓고 실행하는 것이 필요함.

➡ 핵심교훈
이혼 및 상속 등 가족 간의 분쟁은 서로 소통하고 협의하는 것이 필요하다!

2장

상속인이라면
꼭 알아야 할
상속의 지혜

13

계모에 전 재산 준 父... 자식들은 상속받을 수 있나?

어느 나라 동화책이든 계모가 나쁘게 묘사된 이야기가 많지만, 현실에서는 좋은 계모도 많다. 직접 낳지 않은 자식을 진심으로 키운 사람도 있기 때문이다. 하지만 상속 문제에서는 계모 때문에 자식들이 피해를 볼 수 있는 상황이 종종 생긴다. 옛날에는 친어머니가 일찍 돌아가시면 계모가 들어와 남편의 자식들과 함께 사는 경우가 많았고, 현재도 이혼과 재혼이 늘어나면서 계모나 계부로 인해 발생하는 상속 문제가 있다.

사람들은 흔히 재혼한 배우자가 있으면 그 배우자가 낳은 자식이 아니더라도 사망 시 상속을 받을 수 있다고 생각한다. 하지만 우리나라 상속·증여세 법은 상속 순위를 직계존속, 직계비속, 형제자매, 4촌 이내 방계혈족, 배우자로 정하고 있다. 혈연으로 이어진 자식이 아니라면 계모나 계부의 재산을 상속받을 수 없다. 자식이 먼저 죽은 경우에도 계모나 계부는 상속을 받을 수 없다. 우리 상속·증여세 법은 피와 법률에 의해 정해진 순위만 따르기 때문이다. 1990년 민법개정 이후로 계모자 관계는 단순한 인척관계로 간주된다.

예를 들어 보자. 친어머니가 일찍 돌아가시고 아버지가 혼자 살기 어려워 새로운 여성을 맞아들였다. 그 여성은 다른 남자와 결혼해 자식까지 낳은 뒤 이혼한 상태였다. 계모와 아버지는 오랫동안 같이 살며, 아버지가 병에 걸렸을 때 계모가 잘 간호해 주었다. 아버지가 사망한 후, 아버지는 계모에게 전 재산을 넘겼다. 아버지의 자식들은 계모가 나중에 재산을 나눠 줄 거라고 기대하며 이해했지만, 결국 계모는 자신의 자식들에게 재산을 모두 주기로 마음을 바꿨다. 이 경우, 계모의 자식이 아닌 자식들은 어떻게 해야 할까?

계모가 아버지 사망 후 전 재산을 상속받았다 해도, 아버지의 자식들은 계모에 대해 상속권이 없으니 유류분이 침해된 것을 안 날부터 1년 이내에 계모의 재산에 대해 유류분 청구를 해야 한다. 유류분은 자식들이 상속받을 수 있는 몫의 절반까지 보장해 주지만, 단기 소멸시효를 따르므로 아버지가 사망한 후 1년 내에 청구하는 것이 안전하다. 계모가 나중에 재산을 나눠 줄 거라고 말했더라도, 마음이 바뀌면 어떻게 할 방법이 없다. 계모가 약속을 지키게 하려면 사전증여를 받거나 유언장을 쓰도록 하는 것이 더 낫다.

계모나 계부로부터 상속을 받을 수 있는 다른 방법으로는 민법 제908조의2에 따른 친양자 입양을 고려할 수 있다. 미성년자라면 법원의 허가가 필요하지만, 성년자는 부모의 동의만 있으면 친양자가 될 수 있다. 다만, 친양자 입양은 계모나 계부의 동의가 필요하므로, 동의를 얻지 못하면 처음부터 불가능하다. 특히 재산 문제로 갈등이 예상된다면 계모나 계부가 친양자 입양을 해주지 않을 가능성이 높다.

　아버지의 자식들이 계모가 나이 들었을 때 잘 봉양하며 재산유지나 증가에 기여했다고 해서 기여분을 청구할 수 있는지도 의문이다. 기여분은 민법 제1008조의2에 따라 상속인이 피상속인의 재산유지나 증가에 기여했을 경우 인정된다. 그러나 아버지의 자식들은 계모의 상속인이 아니므로 기여분을 청구할 수 없다. 결국, 계모가 사전증여나 유증을 하지 않는 한 아버지의 자식들은 재산을 받을 방법이 없다. 또한, 증여세 면에서도 아버지가 살아 계실 때 계모로부터 증여받으면 5천만 원까지 공제받을 수 있지만, 아버지 사망 후 계모로부터 받으면 배우자 및 직계존비속 이외의 친족으로 간주돼 1천만 원만 공세받는다. 이렇게 우리 법은 피가 섞이지 않았을 경우 재산상속에서 엄격히 구별하고 있다.

⊡ 상속·증여세 법 요약

- **상속 순위**: 법적 자녀가 우선(민법 제1000조).
- **유류분 청구 가능**: 상속개시 후 1년 이내 가능(민법 제1117조).
- **계모와 자녀의 관계**: 계모와 자녀는 상속관계에 있지 아니함.
- **유언장 필요**: 계모가 자녀에게 재산을 물려줄 의사가 있다면 유언장 작성 필수.

⊡ 주의사항

- 유류분 청구는 기한(1년) 내 반드시 진행해야 함.
- 계모가 생전에 아버지 재산을 모두 증여받은 경우, 유류분 청구로 일부 회수 가능.
- 친양자 입양이 되지 않으면 자녀의 계모에 대한 상속권은 없음.
- 상속재산을 자녀들이 지키려면 부모님과 사전에 논의 필요.

⊡ 핵심교훈

계모가 전 재산을 가져가더라도 자녀들은 법적 보호를 받을 수 있으므로 유류분 청구를 적극 활용해야 함. 협의하고 법적 절차 준수가 필수!

14

복지관에서 싹트는 사랑...
재산상속 문제는?

필자는 개인적으로 서울과 인천의 큰 노인복지관들을 모두 방문했다. 함께 쌀을 기부하는 40여 명을 대신해 노인복지관에 가면 복지관 관장님과 여러 이야기를 나누게 되는데, 그럴 때 복지관을 이용하는 노인들의 이야기를 듣는 경우가 종종 있다. 복지관은 다양한 프로그램을 마련해 주간 동안 많은 노인이 그곳에서 시간을 보내거나 식사를 할 수 있도록 제공되는 공적 장소다.

그런데 이곳 노인들의 말 중에 'BC'라는 용어가 있다. 대학생들이 캠퍼스에서 서로 사귀면 '캠퍼스 커플', 즉 'CC'라고 하는데, 복지관에서 사귀는 커플은 '복지관 커플', 곧 'BC'라고 부른다는 것이다. 복지관 이용연령이 노인의 기준인 65세 이상이니, 그 나이를 넘는 사람들이 복지관의 여러 프로그램을 이용하면서 사랑을 하게 된다는 것이다. 그 안에서도 남자 어른과 여자 어른 사이의 연애 문제로 시끄러웠던 적도 있었다고 한다. 남자와 여자가 섞여 있는 곳에서는 항상 그런 문제들이 발생할 수밖에 없다.

황혼에 이혼하거나 사별을 해 외로운 사람들끼리 사랑을 하는 것은 좋은 일이다. 자식들은 성장해 독립했고, 함께 이야기를 나누고 사랑할 사람을 새롭게 만나는 것은 100세 시대에 필요한 일일 수도 있다. 이별의 아픔을 잊고 새로운 만남을 통해 서로 즐겁게 지낼 수 있다면 무슨 문제가 있겠는가. 그러나 캠퍼스 커플과 달리 복지관 커플은 돈과 자식이 있다. 젊은 날의 캠퍼스 커플은 경제적으로 무의미한 상황에서 만나지만, 복지관 커플은 나이도 있고 재산과 자식도 있어서 연애에 문제가 발생하기 쉽다. 쉽게 만나고 헤어질 수 없는 것이 복지관 커플이다.

복지관을 넘어 노인이 많은 노인요양시설에서도 사랑이 싹트고 있다고 한다. 통계청 자료에 따르면, 2023년 고령자 중 65세 이상 재혼이 5,308건으로 이전보다 크게 증가했다. 황혼 이혼이 늘어나는 가운데 황혼 재혼도 증가하고 있는 것이다. 그러나 이런 황혼 연애나 황혼 결혼은 법적 문제를 동반할 수 있으며, 특히 재산상속과 관련하여 사전에 준비해야 할 점들이 있다. 황혼의 결혼은 젊은 시절의 결혼과 달리 상대적으로 빨리 사망으로 끝날 가능성이 높다. 또한 자식이라는 이해관계자들이 존재하므로 혼자 마음대로 재산을 처분하기 어렵다. 그래서 황혼에 사랑을 시작하는 사람들 중 약 90%가 혼인신고를 하지 않고 동거 형태로 관계를 유지한다고 한다. 사실혼 관계에서 배우자 중 한 사람이 먼저 사망할 수도 있고, 자식들 간의 분쟁을 방지하기 위해 황혼 연애를 시작하기 전 자식들과 사전에 협의할 필요가 있다.

재산이 어느 정도 있는 경우, 미리 자식들에게 증여하고 앞으로 두 사람의 문제와 재산상속에 대해 관여하지 말라고 다짐을 받아둘 수도 있다. 이를 문서로 만들어 놓는 것이 좋은데, 이것이 바로 부부재산약정과 유언장이다.

황혼 결혼을 한다면 배우자 간에 부부재산약정을 할 수 있다. 민법 제829조에 따르면 부부재산약정은 결혼 전에 하고, 결혼 전에 등기를 해야 제3자에게 대항할 수 있다. 결혼 전의 재산은 각자의 특유 재산이지만, 결혼 후의 재산은 따로 정하지 않으면 공유가 되므로 이런 공유 적용을 피하고 재산을 관리·처분하려면 부부재산약정이 필요하다. 황혼 배우자 간에는 각자의 재산을 스스로 관리하며, 결혼 후 생긴 재산은 어떻게 처리할시 미리 정할 수 있다. 미리 사식들에게 법정상속분 정도의 재산을 증여하고, 나머지 재산은 사용하다 남은 것을 배우자에게 줄 수 있도록 자식들과 협의하며 부부재산약정을 맺는 것도 가능하다. 그러나 사전에 부부가 이혼을 대비해 미리 재산분할합의를 하는 약정은 무효다. 황혼 결혼 후 이혼 시 재산 분할을 포기하거나 특정한 금액만 받기로 하는 것은 법원에서 인정되지 않는다.

유언장을 미리 작성하는 것도 한 방법이다. 자식들과 황혼 배우자에게 줄 재산을 미리 서면으로 명확히 작성해 두는 것이다. 공증 사무실에서 유언공증을 받으면 분쟁 가능성을 줄일 수 있다. 다만, 유류분 문제가 있을 수 있으므로 자식들에게 전혀 재산을 증여하지 않거나 상속하지 않는다는 내용은 분쟁 소지가 있어 피해야 한다. 유언장을 몰래 작성해 두면 사후에 분쟁이 발생할 수 있으니, 유언장의 존재와 내용을 자식들과 배우자에게 알리는 것이 좋다. 유언장은 언제든지 변경 가능하므로 그런 가능성도 함께 알리는 것이 바람직하다.

  황혼 연애나 황혼 결혼은 젊은 시절의 연애와 결혼과는 다르게 고려할 점이 많다. 자유롭게 사랑하며 재산을 처분할 수 있지만, 사랑으로 인해 가족과 멀어질 수 있으므로 신중해야 한다. 나이가 든 어른으로서 합당한 처신을 하는 것이 주위 사람들에게도 좋게 보인다. 주변에 멋진 황혼 연애를 통해 외로움을 달래고 자신의 감정에 솔직한 어른들의 이야기는 훌륭한 귀감이 될 것이다. 재산상속에 대한 준비를 충분히 해두는 것이 이런 황혼 사랑을 더 아름답고 의미 있게 만들 것이다.

⇨ **상속·증여세 법 요약**
- ■ **사실혼 배우자:** 법적상속권 없음.
- ■ **유언장 작성 필요:** 상속개시 후 1년 이내 가능(민법 제1117조).
- ■ **부부재산약정 가능:** 사전재산약정을 통해 분쟁 방지.

⇨ **주의사항**
- ■ 사실혼 배우자는 상속권이 없음.
- ■ 유언이 없으면 자녀들이 전부 상속받음.
- ■ 사전증여 시 증여세 고려 필요.

⇨ **핵심교훈**
사실혼 배우자는 법적 보호를 받기 어려우므로, 유언장이나 재산약정을 통해 대비해야 함!

15

전세사기·보이스피싱 뺨치는
상속사기 수법

최근 출판된 모성준 판사의 『빨대 사회』라는 책은 우리 사회에서 사기 사건이 얼마나 빈번하게 발생하고, 제대로 해결되지 않은 채 어떻게 더 큰 피해로 발전하는지, 또 사기범들이 법망을 너무 쉽게 빠져나가 어떻게 피해자를 우롱하는지 등을 상세히 다루고 있다. 한마디로 대한민국은 사기꾼 천국이라는 것이다. 우리나라에서 사기 사건은 전세사기, 보이스피싱, 다단계 사기, 금융사기, 코인 투자사기 등 수많은 형태로 나타난다. 필자 또한 '왜 우리나라에서 이처럼 다양한 사기 사건이 끊이지 않을까?' 하는 의문을 품은 적이 있다. 이들 사기 수법 가운데는 상속사기라는 유형도 있다.

상속사기는 사기꾼이 부모로부터 많은 돈을 받을 수 있다는 거짓말을 하고, 화려한 생활을 보여주며 피해자를 속여 돈을 편취하는 경우를 말한다. 사기꾼들은 자신의 부모가 상당한 부자라고 주장하며, 자신이 돈 많은 상속자라고 떠벌린다. 그렇다면 이런 사기에 말려들지 않으려면 어떻게 해야 할까? 이를 알면 상속사기를 당하지 않고 소중한 재산을 지킬 수 있을 것이다. 다음은 그 사례다.

43세 여성 김사녀는 시부모가 다니던 교회에 신자로 들어가 신실한 종교생활을 했다. 김사녀는 교회 신도인 피해자를 속여 831회에 걸쳐 약 15억 원을 편취했다. 피해자가 소규모 일수 사업을 하고 있음을 안 김사녀는 처음에는 조금씩 돈을 빌린 후 잘 갚으며 신뢰를 쌓았다. 그런 다음 자신이 대기업 임원인 아버지를 둔 부유한 상속자라며 피해자에게 직접 "돈을 주면 딸과 사위를 취업시켜 주겠다"는 문자 메시지를 보냈다. 이에 피해자는 1억 원가량을 빌려줬지만, 돈을 갚으라고 독촉하자 김사녀는 "부모가 이혼 중이라 상속받지 못하고 있다"면서 "소송비용 등을 빌려주면 변제하겠다"고 거짓말해 추가로 13억 원을 더 받아냈다. 그러나 김사녀는 프리랜서로 일하며 남편과 함께 피해자가 빌려준 돈으로 생활했고, 결국 모든 돈을 탕진했다. 법원은 김사녀의 고의적인 편취를 인정하고 징역 9년을 선고했다. 이 사건은 부모의 재산을 빙자한 상속사기였다.

또 다른 사례는 사기꾼이 자신의 남편에게 '프랜차이즈 커피숍 상속녀'라고 속여 결혼한 뒤, 상속분쟁 해결을 위한 소송비 명목으로 시댁에서 4억 원을 받아낸 경우다. 이 아내는 시댁 외에도 인터넷에 허위로 명품 가방과 보석을 판다고 광고하며 피해자들을 속여 1억 2천만 원 상당을 편취했다. 이후 경찰에 체포되자 명품사기를 남편과 함께 저질렀다고 거짓말했지만, 조사 과정에서 그녀가 남편을 속인 사실이 밝혀졌다. 검찰은 아내를 사기혐의로 구속해 재판에 넘겼다.

최근 사기 전과자 전청조가 펜싱 국가대표 출신 남현희와 함께 펜싱을 배우던 학생들의 부모들에게 사기를 쳐 약 26억 원을 편취한 혐의로 징역 13년을 선고받은 사례도 있다. 전청조는 자신이 호텔·카지노 업체의 숨겨진 재벌 3세라고 속이며 투자를 권유해 큰돈을 편취했다. 이 또한 상속사기의 한 유형이다.

이 사건들의 공통점은 사기꾼들이 재산이 많은 부모를 둔 것처럼 꾸미며, 거액의 상속을 받을 것이라고 기망한 것이다. 이들은 화려한 생활을 하며 좋은 차와 좋은 집을 기본으로 씀씀이를 과시해 피해자들을 현혹했다. 하지만 피해자들이 조금만 신중히 생각해도 사기꾼의 행태임을 쉽게 알 수 있다. 재산이 많다는 사람이 왜 굳이 개인에게 돈을 빌리려 할까? 돈이 많은 사람이라면 금융권에서 자금을 조달하면 될 텐데, 개인적으로 빌리는 것은 사기꾼의 전형적인 수법이다.

사기꾼들은 피해자의 허영심과 돈을 많이 벌고자 하는 욕망을 이용한다. 그들은 보통 사람보다 임기응변에 능하고, 어떤 상황에서도 자신들의 말로 피해자를 설득할 수 있다고 생각한다. 따라서 다음과 같은 사람은 사기꾼이라고 보면 된다. 돈 많은 상속인이라며 언제든 갚을 수 있다고 장담하는 사람, 과도한 수익률을 약속하는 투자 제안을 하는 사람, 소송 비용이나 변호사 비용을 내면 나중에 돈을 갚겠다는 사람. 자신의 돈을 소중히 여긴다면 이러한 이야기를 하는 사람을 반드시 피해야 한다.

▣ 상속·증여세 법 요약

- **상속사기 유형:** 허위상속 주장, 재산 가로채기, 가짜 문서 이용.
- **재산 조회 필수:** 부모의 재산 상태를 정확히 파악해야 함.
- **사기 피해 방지:** 사기수법 의심 시 반드시 변호사 상담 필요.
- **가족 간 상속 확인:** 상속협의는 모든 상속인이 참여해야 하는 것이므로 공식적인 절차를 거치는 등 확인을 모두 해야 안전함.

▣ 주의사항

- 부모의 상속재산 관련 허위 정보에 속지 말 것.
- 미리 유언장을 작성해 분쟁 예방.
- 상속사기 의심 시 법률전문가 상담 필수.

▣ 핵심교훈

상속과 관련된 사기는 실제 사례가 많으므로, 모든 재산거래를 상속인들이 모두 공식적인 절차로 진행해야 함!

16

"여동생에 전 재산"
날벼락 같은 두 번째 유언공증

김소영 씨는 남편 이재정 씨와 사이에 딸을 하나 두었다. 그런데 이 씨의 여동생들이 평소 경제적으로 어려운 상황이라 이 씨에게 의존하였고, 남편이 집에 생활비를 제대로 주지 않자 김 씨는 직접 벌어서 딸을 키웠다. 이러한 상태가 지속되다가 이 씨가 여동생들 때문에 수억 원의 빚까지 진 상황이라는 점을 알게 된 김 씨는 더 이상 같이 살 수 없다고 생각해 이혼소송을 제기했다. 그러나 평소 술을 좋아하던 이 씨가 재판 중에 간암에 걸려 병원에 입원 중 사망했다. 이혼 사건이 마무리되지 않은 상태에서 이 씨의 상속이 개시됐다.

고인은 투병 중에 있으면서 모든 친척과 가족이 있는 가운데 자신이 가진 재산을 유일한 딸에게 주겠다고 약속하고 공증사무소에서 유언공증을 했다. 그런데 상속재산을 정리하던 중 갑자기 고인의 여동생 2명이 고인이 전 재산을 여동생들에게 증여하기로 하는 유언공증을 했다고 하면서 고인 이 씨의 부동산 등기를 자신들 명의로 이전해 갔다. 결국 고인에게 남은 빚 1억 5천만 원은 부인 김 씨와 딸에게 상속되고, 재산은 모두 고인의 여동생들이 가져가게 됐다. 남편 이 씨가 병원에 있는 동안 2개의 유언 공증을 한 것이었다. 이로 인해 여동생들에게 증여를 하기로 했다는 유언 공증의 효력이 법적 문제로 비화됐다.

여동생들에게 재산을 증여하겠다는 유언공증이 작성된 시점은 코로나 19로 인해 병원 출입이 전면 통제됐던 시기였다. 당시 병원에 입원해 있던 이씨는 중증 암환자로서 우선 입원 가능한 간호·간병 통합 서비스 병실에 있었다. 그곳은 간병인도 상주할 수 없고 병원 직원도 특별한 이유 없이는 출입이 불가능했다. 그런데도 불구하고 이 씨의 여동생들은 공증변호사 와 지인 등을 데리고 병원의 주치의나 관련자들의 허락 없이 병실에 출입 했다. 그 이후 변호사 앞에서 암 치료받고 있던 이 씨가 자신의 전 재산을 여동생들에게 준다고 유언공증을 했다는 것이다. 이러한 유언공증의 효 력이 쉽게 부인될 수 있을까?

우리 민법에는 유언의 방법으로 6가지가 있다. 그중에서 가장 신뢰성이 높은 것은 유언공증의 방법이다. 유언공증은 법무부가 인증한 공증인이 직접 참여해 작성된 유언이다. 유언공증을 하기 전에 유언에 필요한 서류 를 공증변호사에게 제시하면 공증변호사는 유언장의 내용을 파악해 무 효가 될 수 있는 부분이 있는지 확인하고, 보정할 것이 있으면 보정을 요구 한다. 유언공증을 하기 위해서는 유언자와 공증인, 당해 상속과 이해관계 가 없는 증인 2명이 반드시 필요하다.

유언자가 자신의 유언 내용을 구두로 진술하면 이를 공증인이 받아 적어서 유언자와 증인에게 낭독을 한다. 유언자와 증인이 공증인이 작성한 서류가 진정하다고 인정하면 각자 서명날인이나 기명날인을 한다. 이후 공증인은 유언장이 진정하게 작성됐다는 취지의 내용을 유언장에 기입하고 서명날인을 한다. 유언을 하는 장소는 정해져 있지 않기 때문에 공증사무소일 수도 있고, 유언자가 있는 병원이나 집일 수도 있다.

공증인은 공증인법에 의해 허위의 공증을 하거나 부실하게 공증을 할 경우 형사처벌 및 손해배상 책임을 질 수 있다. 공증인은 법에 의해 인가를 받은 자이고, 허위의 공증을 하는 경우는 형사처벌을 받고, 변호사 자격에도 문제가 생기므로 특별한 이유가 없으면 허위공증을 하지 않는다고 추정된다.

그럼에도 불구하고 공증인의 공증과정에 대해 유언자가 진정으로 유언을 했다고 볼 수 없는 사정이 있었다면 유언공증도 무효가 된다. 가령 유언자가 의사능력이 없었다거나, 공증인이 진술할 때 그저 머리만 흔들어서 승낙의 의사를 했다거나, 관여한 누군가의 조종에 의해 의사표시를 했다면 유언자의 유언은 무효가 될 것이다. 영상에 의한 유언은 우리 민법에서 인정되지 않으므로 영상이 있는 유언이 바로 효력이 있다고 할 수 없다. 하지만 이러한 경우 유언과정에서 녹화된 장면이 있다면 공증인이 적법하게 업무를 처리했음을 입증할 증거가 될 것이다. 그러나 이 사건처럼 유언공증이 무효라고 하는 사람이 그 무효임을 입증해야 하므로 쉽지 않다.

이 사건에서 유언공증을 하기 위해 여동생들과 공증변호사가 코로나

19로 제한된 병원을 무단침입하고, 병원 관련자들이 없는 상태에서 이뤄진 유언이라고 하더라도 법적 요건을 갖추지 못한 것은 아니다. 유언공증에서 장소의 제한은 없다. 무단침입이라든가 관련자의 승인이 요건이 되지도 않는다. 이런 경우는 유언자의 의사능력 상태가 제일 중요하다. 의사의 진료기록을 통해 의사능력이 전혀 없었다고 보이면 유언공증은 무효가 될 것이다.

그러나 항암치료를 받는 환자들은 돌아가시기 얼마 전이 아니라면 의사능력이 있는 경우가 대부분이다. 그리고 유언은 항상 철회가 가능해 마지막에 작성된 유언만이 효력이 있다. 이 사건에서 여동생에게 전 재산을 준다는 유언공증이 마지막 유언장일 것이므로 상속인들이 이 유언공증의 무효를 입증하지 못하면 패소할 가능성이 있다. 남편의 진심의 의사는 이혼소송을 한 부인이나 딸에게는 재산을 주지 않을 의사가 있었다고도 보인다.

이렇게 유언의 문제는 항상 분쟁 가능성이 있어서 국가에서 유언을 관리하는 제도를 만들자는 학계의 주장에 힘이 실리고 있다. 필자는 유언제도의 개선은 고령화 시대에 반드시 필요하다고 생각한다.

⤷ 상속·증여세 법 요약

- **유언은 마지막에 작성된 것만 유효:** 가장 최근의 유언만 법적 효력 가짐(민법 제 1108조).
- **공증 유언이 유언장 중 가장 안전:** 유언장은 공증해야 법적 분쟁 최소화.
- **유언 철회 가능:** 생전에는 언제든 철회 가능.
- **상속인은 검토 필수:** 유언의 무효 가능성도 고려해야 함.

⤷ 주의사항

- 피상속인은 유언을 남길 때 변호사나 공증인의 확인을 받을 것.
- 상속재산이 크게 변경된 경우, 최신 유언장을 작성할 것. 작성된 유언장이 사후에 공개될 수 있도록 조치해야 함.
- 유언공증이 병원에서 이루어졌다면, 유언자의 정신상태를 증명할 기록을 확보해야 함.

⤷ 핵심교훈

유언은 마지막에 작성된 것만 효력이 있으므로, 공증된 유언장을 최신 상태로 유지하는 것이 중요함!

얼마나 편하게요...
골치 아픈 거 싫다면 '상속재산파산'

갑자기 부모님이 돌아가시면 부모님의 재산과 부채가 얼마나 되는지, 재산이 있다면 부채를 어떻게 정리해야 하는지 자식들에게는 골칫거리다. 부모님의 재산 파악이 되지 않은 상태에서 상속포기를 하기도 어렵고, 한정승인 절차를 이용해 직접 재산을 매각해 부채를 정리하기도 쉽지 않다. 그래서 채무자회생법 제307조에서는 상속재산파산이라는 제도를 만들어 놓았다. 상속재산파산은 상속재산으로 상속채권자나 수유자에 대한 채무를 다 갚을 수 없을 때 상속재산을 상속인의 고유재산과 분리해 청산하는 절차를 의미한다. 쉽게 말하면 상속인의 재산과 섞이지 않고 고유한 피상속인의 상속재산만 가지고 상속채권자들에게 빚잔치를 하는 것이다.

상속인은 상속포기나 한정승인을 피상속인이 돌아가신 지 3개월 이내에 해야 한다. 어떤 제도를 선택할지는 상속인이 결정하는 것이지만, 실무적으로는 한정승인을 1명의 상속인이 하고, 나머지 상속인들이 상속포기를 하는 것이 편하다. 한정승인을 하는 상속인은 상속재산을 책임재산으로 해 채권자 수색이나 재산매각을 통해 부채를 정리해야 한다.

그러나 생각보다 부모님의 재산을 정리하는 절차가 법률전문가가 아닌 상속인으로서는 쉽지 않다. 특히나 법원에 신고하고, 상속채권자들에게 공지하고 공평하게 빚을 정리해 줘야 하는데, 잘못하다가는 상속채권자나 수유자에게 손해배상 책임을 당할 수도 있다. 상속채권자의 개별소송에도 대응해야 하고, 상속재산에 대한 강제집행도 직접 해야 한다. 특히나 피상속인의 경제활동 범위가 넓은 경우에는 이를 모두 파악하고 대응하기 어렵다. 그러다 보니 어려운 문제를 상속인이 다 뒤집어쓰는 꼴이 된다. 이런 어려움을 피하는 좋은 제도가 상속재산파산임을 알아야한다.

상속재산파산은 상속재산청산을 위한 제도 중 가장 공정하고 엄격한 절차라고 할 수 있다. 상속인이나 상속채권자가 상속재산파산을 신청하면 피상속인의 모든 재산이 파산재단을 구성하고, 법원이 선임한 파산관재인에 의해 청산절차가 진행된다. 파산관재인은 변호사가 담당하기 때문에 복잡한 권리관계도 전문적으로 처리한다. 상속채권자 또한 비전문가인 상속인보다는 파산관재인이 진행하는 청산절차를 더 신뢰할 수 있다. 또한 상속재산파산 제도는 채권자집회, 채권 조사절차, 부인이나 상계제도 등이 있어서 편파변제나 상속재산의 부당한 감소도 막을 수 있다. 즉, 상속재산파산은 한정승인이나 재산분리 제도보다는 엄격하고 공정한 절차라고 할 수 있다.

상속재산파산을 신청하기 위해서는 법률전문가의 도움을 받아서 신청서를 작성해야 한다. 상속재산파산은 상속개시 날부터 3개월 안에 신청해야 한다. 그러나 3개월이 경과되더라도 상속인이 상속 승인이나 포기를 하지 않은 동안은 파산 신청을 할 수 있다. 한정승인이나 재산분리 이후에도 상속채권자나 수유자에 대한 변제가 종료되기 전이라면 파산 신청을 할 수 있다. 한정승인의 청산절차가 완료되기 전이라도 파산신청을 할 수 있다. 이렇게 신청기간을 연장한 이유는 파산절차를 통해 더욱 공정한 변제가 가능하다고 보기 때문이다.

아직까지는 상속재산파산 신청에 대한 인지도가 낮은 편이다. 상속인이 한정승인을 하는 것보다는 법원에 상속재산파산 신청을 하는 것이 더 낫다. 이렇게 하면 상속인의 채권자나 피상속인의 채권자에게도 유리하다. 부모님의 재산이 있기는 하지만 부채가 어느 정도일지 모를 때에는 한정승인이나 상속포기보다는 상속재산파산을 이용하여 정리하는 것을 권한다. 신청이나 진행 비용도 저렴하고, 법원을 통해서 파산관재인이 해결하니 상속인이 질 책임도 없어지므로 얼마나 편한지 모른다.

➡ 상속·증여세 법 요약

- **상속재산파산이란?** 상속인의 재산과 피상속인의 재산을 분리하여 빚을 정리하는 제도.
- **상속포기보다 유리할 수도 있음:** 상속포기는 모든 권리를 포기하지만, 상속재산파산은 피상속인의 재산과 채무를 전문적인 파산관재인이 정리.
- **법원이 파산관재인 지정:** 상속인이 직접 빚을 갚는 절차를 이행하지 않아도 됨.

➡ 주의사항

- 상속포기와 비교하여 유리한 방법을 선택할 것.
- 상속재산파산을 신청하면 일정 기간 재산 처분이 제한될 수 있음.
- 재산보다 채무가 많을 경우 적극 활용해야 함.

➡ 핵심교훈

부모님이 빚을 남겼다면, 상속포기보다 상속재산파산을 고려하는 것이 더 유리할 수 있음!

18

경자유전 원칙의 예외...
상속받은 1만㎡ 이하의 농지

지금 시골에는 나이 드신 노인들밖에 없어 그분들이 농사를 짓고 있는 것이 현실이다. 부모님들이 전답을 팔지 않고 돌아가시게 되는 경우 상속인은 농사를 계속 지을지 말지 고민하게 된다. 그리고 전답이 많은 경우에는 상속세를 많이 낼 수도 있는데, 이렇게 시골의 전답이 많은 경우에 생길 수 있는 법률 관계에 대해 알아보자.

농지는 수도권에 있는 경우와 그렇지 않은 경우 시가에 많은 차이가 있다. 수도권의 경우 농지가 다른 토지로 변형돼 사용될 가능성과 개발 가능성이 있어서 가격이 만만치 않다. 상속인 입장에서는 고액의 농지를 물려받아서 좋지만, 세금부담이나 계속 농사를 지을 것인지에 대한 고민이 생길 수 있다.

농지법 제10조는 소유자가 직접 농사를 짓지 않는 경우에는 1년 이내에 처분하도록 규정하고 있다. 경자유전의 원칙을 유지하기 위해서다. 김영수 씨는 부산 강서구에 있는 농지 700평을 아버지로부터 물려받아서 공장부지와 물건적재로 사용하다가 구청으로부터 '불법'이라고 적발됐다. 구청은 김 씨가 농지에서 농사를 짓지 않는다고 해 1년 이내에 그 농지를 처분하라고 명령했다. 김 씨는 이에 대해 농지법 제6조, 제7조에 따라 농지를 상속받는 경우에는 농사를 짓지 않더라도 1만㎡ 이하의 농지는 소유할 수 있다고 돼 있으므로 농사를 짓지 않더라도 농지를 매각할 이유가 없다고 주장했다.

이에 대해 1·2심 법원은 상속으로 적법하게 취득한 1만㎡ 이하의 농지라도 직접 자기의 농업경영에 이용하지 않거나 무단으로 다른 용도로 사용하면 농지처분 의무를 부담한다고 했다. 그러나 대법원은 "상속으로 취득한 1만㎡ 이히의 농지에 대헤서는 농사를 직접 짓지 않으면 농지를 1년 이내에 처분해야 한다는 농지법 제10조 1항이 적용되지 않는다"고 판시했다. 결론적으로 상속받은 땅은 농사를 짓지 않았어도 처분할 의무가 없다고 해석한 것이다.

이 판결에 대한 비판도 있지만, 상속받은 농지 중 1만㎡ 이하의 농지는 농사를 짓지 않더라도 농지법상 처분 의무는 없게 됐다. 그러므로 상속받은 농지 중 1만㎡ 이하의 농지는 농사 이외에 다른 용도로 사용해도 된다. 이와 더불어 대규모 농지를 상속받을 경우에 알아야 할 제도가 '영농상속공제' 제도다. 이 제도는 가업승계제도와 유사한 성격의 공제제도다. 영농은 한국산업표준분류에서 농업, 임업, 어업을 주된 업종으로 영위하는 것을 말한다. 피상속인이 돌아가시기 전까지 8년 이상 직접 영농에 종사해야 하고, 피상속인과 상속인 모두 해당 농지로부터 30킬로미터 이내에 거주해야 한다. 상속인은 18세 이상이어야 하고, 피상속인이 사망하기 2년 전부터 영농에 종사하고 있어야 한다.

이러한 복잡한 요건을 피하는 방법은 상속인이 영농후계자의 자격을 갖추는 것이다. 그리고 상속인이 다른 일을 하더라도 연봉 3,700만 원을 넘으면 안 되고, 농사도 50% 이상을 자경해야 한다. 이러한 요건들을 갖추게 되면 상속받는 농지의 가액 30억 원을 영농상속공제로 공제받아 상속세를 줄일 수가 있다. 다만, 피상속인이 돌아가신 후 5년 내에 농지를 팔거나 농사를 짓지 않는 경우에는 공제받은 금액을 다시 계산해 상속세를 부과하게 된다.

상속재산 중 농지가 있는 경우 가장 고려해야 할 점은 추후 매각 시 내야 할 양도소득세 문제다. 반드시 알아야 할 팁 3가지는 다음과 같다.

피상속인이 자경을 8년 이상 했고 농사를 짓는 상속인이 3년 내에 판다면 비과세가 될 수 있다. 농지를 상속세 신고할 때에 공시지가로 신고했다가 나중에 매각할 때 시가에 매각하는 경우 양도소득세는 상속세 신고 가격을 취득가격으로 보게 돼 세금이 많이 나올 수 있다. 농지의 매각 계획이 있는 경우에는 처음부터 시가로 상속세 신고를 하고 매각을 하는 것이 절세의 방법이다. 양도소득세는 부과되는 해를 달리하면 그 세금을 줄일 수 있기 때문에 농지를 한 번에 매각하는 것보다는 해를 달리 해 매각하는 것이 더 세금을 줄일 수 있다.

이러한 세금을 줄이는 방법은 피상속인의 상속개시 때부터 빨리 전문가를 통해 고려하는 것이 중요하다. 어영부영하다가 시간이 지나가면 감면받을 기회를 놓치기 때문이다.

19

불효자는 재산상속을 받을
자격이 있는가?

상속과 관련돼 필자가 자주 언급하는 그림이 있다. 그것은 러시아 상트페테르부르크에 있는 에르미타시 미술관에 소장된 렘브란트의 '돌아온 탕자'라는 그림이다. 에르미타시 미술관의 규모는 매우 놀라운 수준인데, 그곳은 정말 대단한 그림들의 저장소다.

'돌아온 탕자'의 내용은 이렇다. 부자인 아버지에게 두 명의 아들이 있었다. 둘째 아들이 아버지에게 유산을 미리 달라고 요구해 아버지가 유산을 미리 줬는데 방탕하게 그 재산을 모두 소진했다. 둘째 아들은 그 사실이 부끄러워 집을 나갔다. 아버지는 둘째 아들이 그리웠다. 어느 날 둘째 아들은 지긋지긋한 가난을 견디기 어려워 다시 아버지 집을 찾아와 자신을 집안의 종으로 받아달라고 요청했다. 둘째 아들은 아버지가 자신을 거둬 주지 않을 것을 걱정했지만, 오히려 아버지는 아들이 돌아왔다며 환영 축제를 연다. 그러나 동생의 재산 탕진을 못마땅해 하는 큰아들은 아버지 옆에서 어두운 표정으로 서 있다. 큰아들은 잘못한 동생이 처벌을 받고, 남아 있는 재산을 모두 자신이 받아야 하는데 동생이 돌아옴으로

써 아버지의 유산을 다 받지 못하는 데 화가 났을 것이다. 그러나 아버지는 둘째 아들이 비록 잘못을 했지만, 뉘우치고 다시 돌아와 아버지를 찾는 데 이를 차마 버릴 수 없고, 두 아들 모두를 사랑으로 보살펴줘야 한다고 생각한 것이다.

최근 조석래 효성그룹 명예회장이 남긴 유언장이 화제다. 고인 조 명예회장은 '형제의 난' 이후 의절 상태에 있는 조현문 전 부사장에게 자신이 보유 중이던 효성그룹 주요 계열사 주식 등으로 유류분 이상의 재산을 유증한다고 유언장을 남겼다. 그러면서 조 명예회장은 유언장에서 "부모 형제의 인연은 천륜(天倫)"이라며 "형은 형이고 동생은 동생이다. 어떤 일이 있더라도 형제간 우애를 시켜 달라"고 당부한 것으로 알려졌다. 조 명예회장은 10여 년간 고소·고발 등을 통해 '형제의 난'을 이어온 조현준 효성그룹 회장과 조 전 부사장 등 세 아들에게 더 이상의 형제간 갈등을 자제해 달라는 뜻을 유언장에 남긴 것이다. 이러한 것이 부모의 마음인 것 같다.

헌법재판소는 지난달 27일 재판관 전원일치 의견으로 친족상도례의 '형 면제'를 규정한 형법 328조 1항에 대해 헌법불합치 결정을 내렸다. 형법 328조 1항은 직계혈족, 배우자, 동거친족, 동거가족 또는 그 배우자 간의 절도, 사기, 공갈, 횡령, 배임 등 재산 범죄에 대해 형을 면제하도록 규정한 조항이다.

예컨대 함께 살지 않는 아버지가 아들의 재산을 횡령해도 이 법에 따라 처벌할 수 없다. 방송인 박수홍의 아버지가 박수홍의 형을 대신해서

박수홍의 재산에 손을 댔다고 주장하는 것도 이러한 법의 허점을 이용하는 것이다. 헌재는 가족제도가 변화하고 있어 1인 가구 등이 1천만 가구를 넘고, 재산 형성에 다른 가족들이 기여하는 부분이 적어지고 있는 상황에서 일률적으로 친족이라는 이유만으로 재산 범죄에 대해 처벌을 받지 않는 것은 시대에 맞지 않는다고 판시했다.

헌재의 판단 대상이 된 사건들은 취약한 지위에 놓인 이들이 가족 구성원을 고소한 경우였다. 이번 헌재에서 전제가 된 사건들은 장애인인 청구인이 자신의 삼촌을 준사기·횡령 혐의로 고소하거나 파킨슨병에 걸린 어머니를 대리해 그의 자녀가 자신의 형제·자매를 업무상 횡령 혐의로 고소했지만 친족상도례 규정으로 인해 불기소 처분된 사건들이었다. 가족들의 재산에 손을 댄 가족에 대한 처벌의 여지가 생긴 것이다. 이런 자들에게도 상속권을 보장해야 하는지에 대한 의문이 생길 수도 있다.

재산상속에서 상속 결격사유는 민법 제1004조에서 상속인의 상속을 방해하는 행위나 상속과 관련된 자를 살인하거나 치사에 이르게 한 행위뿐이다. 불효를 했다거나 재산을 탕진한 것은 상속 결격사유에 포함돼 있지 않다.

앞서 헌재는 유류분제도와 관련해 유류분 상실 사유를 만들지 않은 것을 위헌이라고 하면서 '장기간 유기'나 '신체적, 정신적 학대'를 상실 사유에 포함시키는 것이 시대의 흐름에 맞다고 했다. 이제는 피상속인에게 불효하거나 방치하는 경우, 재산 범죄를 저지르는 경우에는 상속권의 일부를 박탈할 가능성이 높아졌다. 그러나 효도를 했는지 제대로 부양을 했는지 여부에 대해 법원이 판단하는 데는 한계가 있다. 렘브란트의 그림을 보여주면서 이야기하고 싶은 것은 부모는 자식이 효자인지 불효자인지 구분하지 않고 사랑할 수 있다는 점이다. 효성그룹 조 명예회장의 유언처럼 자식들이 우애 있게 지내는 것이 부모의 뜻이지 법원이 불효자에게 상속권을 박탈하는 것을 원하지 않는 경우도 있다.

일률적으로 불효자나 장기간 방치한 자에게 상속권이나 유류분권을 인정하지 않는 것이 과연 피상속인의 의사에 부합할지 의문이다. 유류분제도든 친족상도례이든 제도 개선 시 이러한 점을 고려해야 한다고 생각한다.

▣ **상속·증여세 법 요약**
- **상속결격사유:** 부모를 살해하거나 중대한 학대를 가한 경우 상속권 박탈(민법 제1004조).
- **부양의무 이행 여부 중요:** 장기간 연락이 끊긴 자녀라도 자동으로 상속권을 박탈당하지는 않음. 직계존속인 상속인이 자식인 피상속인을 부양의무 위반인 경우 상속권 상실 선고될 수 있음(일명 구하라법).
- **법적 판단 필요:** 상속인이 부모를 극도로 학대했음을 법원이 인정해야 함.
- **유류분 청구 가능성:** 불효자라도 법적으로 유류분을 주장할 수 있음.

▣ **주의사항**
- 부모를 학대했더라도 법적으로 상속이 자동 취소되는 것은 아님.
- 법적상속 결격사유가 충족되어야 상속권이 박탈됨.
- 부모가 유언으로 재산을 제외할 수도 있음.

▣ **핵심교훈**
상속은 법적으로 보호되므로, 불효자라도 기본적인 상속권을 주장할 수 있음!

20

상속을 포기해도
돈을 받는 경우가 있다?

상속포기는 피상속인의 부채가 재산보다 많아서 상속인으로서 받을 것이 전혀 없다고 생각되는 경우에 하는 것이다. 상속포기는 상속개시 사실을 안 날로부터 3개월 이내에 가정법원에 신청해야 한다. 상속포기를 하면 상속인의 지위에서 벗어나 상속인이 아닌 것처럼 처리된다. 그런데 상속포기를 해도 돈을 받을 수 있는 경우가 있으니, 상속포기를 했다고 피상속인의 재산처리에 대해 무관심하면 안 된다.

피상속인이 돌아가시기 전에 생명보험을 체결하고 보험금을 납부한 경우는 상속인들이 잘 챙겨봐야 한다. 생명보험은 피상속인이 죽으면 보험금이 지급되는데, 그 보험금은 계약의 내용에 따라 상속포기자도 받을 수 있다. 대법원은 생명보험의 경우 보험계약자가 스스로를 피보험자로 하면서, 수익자는 만기까지 자신이 생존할 경우에는 자기 자신을, 자신이 사망한 경우에는 '상속인'이라고 지정하고, 그 피보험자가 사망해 보험사고가 발생한 경우 보험금청구권은 상속인들의 고유재산으로 보아야 할 것이고, 이를 상속재산으로 할 수 없다고 판시했다.

이는 생명보험의 계약으로부터 수익자를 상속인으로 지정했을 경우에는 그 상속인은 피상속인이 사망할 경우 보험회사에 대해 지급청구권을 가지고, 이는 상속포기의 대상이 되는 상속재산이 아니라는 것을 의미한다. 부연해서 설명하면, 생명보험에서 사망보험금이 상속재산에 해당하는지 여부는 생명보험 계약자가 수익자를 누구로 정했는지에 따라 다르다. 수익자가 법정상속인으로 돼 있다면 그 사망보험금은 법정상속인들의 고유재산이 된다. 수익자가 상속인이 아닌 특정인으로 지정된 경우에는 그 지정인의 고유재산이 된다. 수익자가 지정되지 않은 경우에는 상법 제733조에 따라 피보험자의 법정상속인이 돼 법정상속인의 고유재산이 된다.

수익자가 피보험자인 피상속인으로 돼 있는 경우에는 상속재산에 해당한다. 다시 설명하면, 보험계약상 수익자가 피상속인인 경우를 제외하고는 모두 상속인이나 특정인의 고유재산이 돼 상속포기의 대상이 되는 상속재산이 되지 않는다. 그래서 생명보험금이 있는 경우 상속포기한 상속인이 돈을 받을 수 있는 경우가 생길 수 있다.

피상속인이 공무원이었다면 공무원연금공단으로부터 유족연금이 지급된다. 대법원은 유족연금은 공무원연금법에 따라 피상속인의 상속인들이 법적으로 취득하는 자기의 고유 권리이므로 상속재산에 포함되지 않는다고 판시했다. 그리고 국민연금 가입자가 사망할 경우 유족이 받는 유족연금도 망인의 상속재산에 포함되지 않는다. 그래서 상속포기한 상속인이 유족연금을 수령해 사용한다고 하더라도 상속포기나 한정승인의 효력을 부인하는 사유가 되지 못한다.

　위에서 보험금의 경우에도 수익자가 피상속인이 아닌 경우에는 언제든지 보험금을 수령해 사용해도 무방하다고 했다. 다만 수익자가 피상속인인데 보험금을 타서 사용하는 경우에는 단순승인에 해당해 상속포기나 한정승인의 효력이 없어질 수 있으니 조심해야 한다.

　피상속인의 퇴직금 및 퇴직연금은 상속재산에 해당한다. 그런데 민사집행법 제246조 제1항에서 퇴직금 및 퇴직연금 2분의 1에 해당하는 금액은 압류하지 못한다고 돼 있어, 피상속인의 퇴직금 및 퇴직연금의 2분의 1 금액은 실제적으로 상속인들이 상속채권자들에게 채무를 변제하지 않아도 된다. 이를 상속포기한 상속인이 사용하는 경우 상속포기의 효력이 상실될 수 있는지의 문제가 있으나, 법원 하급심에서는 부양가족이 상속인이라면 퇴직연금은 채권자들에 대한 책임재산에서 제외되므로 이를 수령해 사용했다고 하더라도 단순승인의 사유가 되지 않는다고 판시한 경우가 있다.

　이렇게 되면 상속포기한 상속인도 퇴직연금의 2분의 1까지는 수령해도 되는 것이다. 이러한 경우들을 알고 있다면 상속포기한 상속인들도 자신이 챙길 수 있는 돈들이 있으니 잘 유념해 확인할 필요가 있다.

➡ 상속·증여세 법 요약

- **한정승인과 상속포기의 차이:** 한정승인은 상속받은 재산의 범위 내에서 채무변제를 하고, 상속포기는 상속인의 지위를 포기하여 상속인이 처음부터 아닌 것으로 함.
- **한정승인:** 상속재산 범위 내에서만 채무를 변제하고 남은 것이 있으면 상속.
- **상속포기:** 재산과 빚을 모두 포기함.
- **보험금이나 연금은 상속재산 아님:** 상속을 포기해도 계약상 수익자가 되어 있는 경우 받을 수 있음.
- **사망보험금은 상속세 과세 대상 아님:** 상속재산이 아니므로 채권자가 가져갈 수 없음.

➡ 주의사항

- 상속포기를 하면 채무를 부담하지 않지만, 다른 공동상속인이 채무를 떠안을 수 있음.
- 보험금과 연금이 있는지 확인해야 함.
- 상속포기 후에도 법률상 연금수급자격이 있으면 지급받을 가능성이 있음.

➡ 핵심교훈

상속을 포기해도 보험금이나 연금의 일부를 보상받을 가능성이 있으므로, 미리 법적 검토가 필요함!

21

돌아가신 부모님의 통장...
출금 쉽게 안 된다?

우리나라 고령층은 재산을 부동산이나 현금으로 가지고 있는 경우가 많다. 부동산의 경우에는 그 가치가 커서 쉽게 처분하기 어렵지만, 현금은 쉽게 찾아서 사용할 수 있다. 부모님이 돌아가신 후 부모님 통장에 있는 돈을 자식들이 찾아서 나누려면 어떠한 절차를 거쳐야 할까.

앞서 피상속인(망인)에 대해 안심상속 원스톱서비스를 이용하면 금융기관의 예금인출 절차가 정지되고, 피상속인의 금융기관별 예금잔액을 알 수 있다고 설명한 바 있다. 망인의 은행 예금은 법률상 분할할 수 있는 채권, 이른바 가분채권에 해당한다. 가령 1억 원의 예금이 있고, 상속인이 4명이며, 지분이 같을 경우 각 2,500만 원씩 찾을 권리가 있다는 것을 의미한다.

예금채권은 상속개시와 동시에 당연히 상속인들에게 법정상속분으로 분할돼 귀속되어 상속재산 분할의 대상이 되지 않는 것이 원칙이다. 그래서 상속인이 자신이 피상속인의 상속인임을 은행에 가서 증명하면 자신의 지분에 해당하는 금액의 인출을 요구할 수 있다. 다만 은행은 그렇게 쉽게 이를 받아주지 않는다. 모든 상속인이 은행에 직접 찾아간다면 신분증, 피상속인의 가족관계증명서, 기본증명서를 제출하면 인출 가능하다.

그러나 일부 상속인만 은행에 간다면 위 서류들 이외에 다른 상속인의 인감증명이 있는 상속재산 분할협의서나 상속포기서 결정문을 요구한다. 은행 입장에서는 이중지급의 위험과 손해배상 책임을 지지 않기 위한 것이다. 만약 다른 상속인들이 예금출금에 협조하지 않는 경우에는 어떤 방법이 있을까.

우선 100만 원 이하의 소액 현금의 경우에는 일부 상속인만 오더라도 은행에서는 출금을 해준다. 은행에 대해 상속인은 자신의 상속지분에 해당하는 현금인출을 요구할 법적 권리가 있으므로 은행을 상대로 예금반환 청구소송을 제기할 수 있다. 은행은 이런 경우 법원에서 심리를 통해 다른 위험이 없다고 인정되는 판결이 나오면 금원을 지급한다. 다른 상속인들과 상속재산 분할협의를 통해 결정문을 받는 방법도 있다.

원래 예금채권은 가분채권으로 각자 지분만큼 귀속되는 것이다. 이러한 예금채권과 같은 금전채권을 상속분 산정에서 제외하면 부당한 결론이 나오는 경우가 있을 경우에는 가분채권도 상속재산 분할 대상이 될 수 있다. 부모님의 재산 형성에 상당한 기여를 했거나 사전증여가 많이 있는 경우, 남아있는 현금을 그대로 상속지분대로 나누는 것이 부당하다. 그래서 상속재산 분할심판에서는 피상속인의 거액 현금을 상속재산 분할의 대상으로 하는 경우가 많이 있다. 그래서 이런 경우에는 상속재산 분할심판청구를 가정법원에 제기해 상속인들의 기여분과 사전증여를 고려해 결정을 받아서 예금반환 청구를 해야 한다.

예금채권을 비롯해 채권이나 주식도 마찬가지로 가분채권이다. 채권을 보관하고 있는 자에 대해 자신의 지분에 상당한 채권의 양도를 구할 수 있다. 주식의 경우에도 주식을 보관하고 있는 회사에 대해 명의개서를 요청할 수 있다. 이론적으로는 그렇다.

그러나 상속재산 분할이라는 것은 상속인 간의 공정한 분배를 목적으로 법원에서 심리되는 사건이라서 예금채권을 포함한 채권, 주식, 암호화폐 등도 가분채권이지만 상속재산으로 봐서 분할의 대상이 되는 경우가 대부분이다. 다만 예금인 경우에는 직접 찾으면 현금으로 사용할 수 있고 상속세를 내는 데도 도움이 되기 때문에, 상속인들이 인출하려는 욕구가 강하다.

상속재산 분할심판 시 상속인들의 요구에 따라 예금채권은 상속재산에서 제외하기로 하고, 이를 인출해 상속세 납부에 사용하거나 각자 공평하게 나누는 것으로 합의하는 것도 가능하다. 특히나 상속세의 경우 제때 납부하지 않으면 가산세를 내야 하므로 피상속인의 현금자산이 될 수 있는 가분채권들은 정리해 세금을 우선적으로 납부하는 것이 상속인들에게 유리하다. 그래도 합의가 되지 않는다면 복잡해지지만, 일부 상속인이 선납하고 나중에 다른 상속인에게 부담분을 구상해야 한다.

▣ 상속·증여세 법 요약
- **사망 후 예금 출금은 원칙적 가능하나 은행에서 제한을 둠:** 은행이 상속재산 분할 합의를 요구하는 경우도 있으나, 상속지분에 따라 청구하면 인출 가능.
- **유언장이 없으면 상속재산 분할협의서 필요:** 공동상속인들의 동의 없이 출금 불가할 수 있음.
- **상속인 금융조회 서비스 활용:** 상속인이 부모님의 모든 금융자산을 확인 가능.

▣ 주의사항
- 부모 사망 후 무단으로 돈을 인출하면 불법이 될 수 있음.
- 상속인들간 협의 없이 인출하면 법적 분쟁이 발생할 수 있음.
- 상속세 신고를 위해 금융자산 내역을 확인하는 것이 중요함.

▣ 핵심교훈
부모님의 통장 잔액을 확인하고 출금하려면 반드시 정식 상속재산 분할협의를 거치는 것이 바람직함!

22

장수의 그늘 '노후파산'...
자식에 빚 부담 안 주려면?

재산만 상속되는 것이 아니라 빚도 상속된다. 상속인이 단순승인을 하는 경우 피상속인으로부터 재산과 함께 빚도 같이 상속받는다. 상속포기나 한정승인의 경우에는 피상속인의 빚을 상속인의 재산으로 변제할 필요는 없다. 그런데 자식들에게 이런 법률적 문제들을 남기는 것은 자식들에게 부담을 주는 것이다. 노후에 파산하거나 빚에 쪼들리는 사람들은 이런 문제를 고민하지 않을 수 없다. 자식들에게 빚을 물려주지 않고, 아무런 피해도 주지 않고 생을 잘 마치는 법은 없을까?

일본 NHK방송의 스페셜 제작팀이 지은 《장수의 악몽 노후파산》이라는 책이 2016년 한국에서도 출판됐다. 인생을 열심히 살아오면서 자식들을 돌보고, 집도 있고, 연금까지 들었는데도 불구하고 삶의 마지막 순간에 빚으로 고생하는 사람이 많다. 연금으로 충분할 줄 알았던 사람들에게 노후는 너무 가혹한 시간으로 다가왔다.

이 책에서는 의식주 모든 면에서 자립 능력을 상실한 노인의 비참한 삶을 '노후파산'이라고 정의했다. 현실은 독거 고령자의 급증, 연금 지급액의 부족, 의료와 돌봄 서비스에 들어가는 비용부담의 증가로 인해 들어오는 돈은 줄어드는데 나가는 돈은 많아진다. 더 이상의 소득 증가를 예상할 수 없는데 나가는 돈이 많으니 노인들은 파산할 수밖에 없다. 이전처럼 자식들의 부양도 기대하기 어려워 우리나라 노인들도 노후파산의 문제는 시간 폭탄처럼 다가올 것이다.

《노후파산》에 나오는 다시로 씨는 젊었을 때는 동료들과 여행도 가고 취미생활도 많이 했다. 그러나 노후에 돈이 부족해 큰 어려움을 겪었다. 그는 말했다.

"가난이 뭐가 괴로운가 하면 말입니다. 주위에서 친구들이 전부 없어진다는 것입니다. 뭘 해도 돈이 드니 거절을 할 수밖에 없지요. 그래서 점점더 사람들을 만나지 않게 됩니다. 솔직히 말하면, 빨리 죽고 싶습니다. 죽어버리면 돈 걱정을 할 필요도 없지 않습니까? 이제 정말 지쳤습니다."

다시로 씨는 노후파산에 몰림으로써 사람들과의 유대가 끊기고 외로운 생활을 할 수밖에 없었다. 홀로 사는 고령자의 경우 연금 수입에 의존할 수밖에 없어서 경제적 어려움에 빠질 가능성이 크다. 젊었을 때 열심히 살았음에도 불구하고 나이가 들어서 가난에 빠진 노인들의 현실이 이 책에 실감나게 나와 있다.

노인들은 노후에 새로운 수입이나 수입의 증가를 기대할 수 없어 비용을 줄이는 방향으로 행동을 한다. 먹을 것도 안 먹고, 아파도 병원에 가지 않는다. 노후파산은 특히 독거노인에게 집중되고 있다. 이러한 문제의 해결을 위해서는 국가의 사회보장제도가 이러한 노인들까지 보호할 수 있도록 확대돼야 한다. 그럼에도 빚을 남기고 죽는 사람들은 그 빚이 자식에게 물려지지 않도록 할 필요성이 있다. 그러기 위해서는 생전에 법원에 파산신청을 통해서 남은 빚에 대해 면책을 받는 것을 권하고 싶다. 법원의 입장에서는 더 이상 소득의 발생을 기대할 수 없는 노인들에게 쉽게 면책을 허가할 것이다. 면책받아 놓으면 상속인들이 상속포기나 한정승인 신청을 따로 할 필요가 없다. 파산에 이를 정도의 소득이 없는 노인들이 대한법률구조공단을 통해 무료로 파산신청을 하는 방법도 있으니 그 기관으로부터 도움을 받아 진행할 수 있다.(대한법률구조공단 홈페이지의 개인회생·파산 법률지원센터 참조.)

그러나 이러한 준비를 하지 못하고 사망한 경우에는 어떻게 하는 것이 좋을까. 그런 경우는 상속인, 유증자, 유언집행자, 피상속인의 채권자 등이 법원에 피상속인에 대한 상속재산 파산신청을 할 수 있다. 상속재산 파산신청을 하면 법원은 파산관재인을 선임하고, 파산관재인이 채권자집회, 채권조사, 환가절차, 배당절차 등을 통해서 채권자들에게 남은 재산을 분배한다. 상속개시 후 3개월 내에 하거나 한정승인절차 중에도 파산신청이 가능하다.

상속재산 파산신청을 하면 복잡한 재산정리를 상속인이 하지 않고 파산관재인에게 맡길 수 있고, 채권자들과 개별적으로 접촉하지 않아도 된다. 또한 상속인의 재산과 피상속인의 상속재산이 분리되기 때문에 상속인은 법률적 보호를 받을 수 있다. 그래서 한정승인보다 상속재산 파산절차가 상속인에게 유리하다.

➡ 상속·증여세 법 요약
- 노후파산은 경제적 능력 없이 나이가 들어서 자립할 수 없고 남의 도움이 필요한 상태.
- 노인들은 지속적인 소득을 기대하기 어렵기 때문에 파산신청을 해도 면책될 가능성이 높음.
- 소득이 낮은 사람은 대한법률구조공단에서 운영하는 개인회생·파산법률센터를 이용할 수 있음.
- 피상속인 사망 이후에는 상속재산 파산신청을 통해 상속인들의 부담을 덜 수 있음.

➡ 주의사항
- 사망 전에 파산신청은 변호사나 법무사의 도움으로 진행할 것.
- 사망 후에 상속재산 파산신청은 한정승인보다 더 상속인에게 부담이 덜 하나 비용 등을 고려하여 결정.

23

디지털 시대의 마지막 인사...
고인의 휴대폰 열람

　부모님이 갑자기 돌아가시게 되면, 부모님의 지인들에게 부고 사실을 알리고 싶어 하는 자녀는 고인의 휴대폰에서 연락처를 확인해야 할 때가 많다. 그러나 대부분의 휴대폰은 비밀번호나 지문 등으로 잠겨 있어 바로 확인하기 어렵다. 이처럼 고인의 휴대폰 잠금을 풀어 내용을 확인하려는 고민이 점점 늘고 있다. 또한 고인이 사용하던 SNS를 통해 부고를 알리고 싶어도, 이를 위해서는 정보통신서비스 제공자를 통해 해당 계정에 접근할 권리를 얻어야 한다. 그런데 과연 그것이 가능할까?

　현행 개인정보보호법에 따르면, 회원의 아이디와 비밀번호는 제3자에게 공개할 수 없다. 이 때문에 정보통신서비스 제공자가 아닌 이상, 고인의 계정에 접근하는 것은 불가능하다. 이렇게 사망자가 보유하던 디지털 형태의 모든 자산에 관한 권리와 의무를 '디지털 유산'이라 부른다. 민법 제1005조에 따르면 디지털 유산은 원칙적으로 사망과 동시에 상속인에게 상속된다. 그러나 디지털 유산은 유형이 다양하고, 정보의 혼합적 특성 때문에 단순히 민법의 상속 규정만으로 해결하기 어렵다. 게다가 관련 개별법도 미비해 실제로는 처리에 어려움이 많다. 대부분의 디지털 유산은 정보통신서비스 제공자의 시스템에 저장되어 있고, 개인정보보호 및 비밀유지에 관한 법률에 의해 상속법으로 바로 접근하기 어려운 구조다. 이로 인해, 현행법상 상속인이 디지털 유산의 모든 권리와 의무를 당연히 승계한다고 보기 어렵다. 고인의 휴대폰에 저장된 지인의 전화번호를 확인하려면, 우선 고인의 비밀번호나 암호를 해제해야 한다. 만약 이 과정을 거치지 않고 바로 전화번호를 확인해 부고 연락에 사용하는 경우, 법적으로 문제 될 소지는 없다.

최근 반가운 변화가 생겼다. 2025년 1월 9일부터, 휴대폰 제조사인 삼성전자, 애플, 카카오는 상속인의 요청이 있을 경우 고인의 휴대폰에 저장된 전화번호부에서 이름을 제외한 전화번호만 제공하게 된다. 덕분에 상속인은 고인의 연락처를 바탕으로, 상대방이 누구인지 모른 채 부고를 일괄적으로 알릴 수 있게 됐다. 이러한 서비스를 이용하려면, 상속인이 제조사나 카카오에 연락해 고인의 상속인임을 증명하고 전화번호를 확인받는 절차를 거쳐야 한다. 사전에 이런 상황을 예방하고자 한다면, 부모님의 휴대폰에 상속인을 미리 지정해 두는 것이 좋다.

삼성 휴대폰의 경우:
설정 → 삼성계정 → 보안 및 개인정보보호 → 디지털 유산 → 유산 관리자 추가 → 접근 코드 발급
※ 삼성전자는 이 기능을 2025년 초 출시 예정인 갤럭시 S25부터 우선 적용하고, 이후 다른 모델에도 확대할 예정이다.

애플 휴대폰의 경우:

설정 → 로그인 및 보안 → 유산 관리자 → 신뢰하는 사람 추가 → 접근 코드 발급

부모님께서 생전에 이 설정을 마쳐 두신다면, 사망 후 유산 관리자로 지정된 사람이 고인의 휴대폰에 바로 접근해 부고를 알릴 수 있다. 유산관리자는 반드시 상속인이 아니어도 되며, 피상속인이 신뢰하는 사람 누구나 지정할 수 있다. 최대 5명까지 지정할 수 있으므로 여러 사람을 등록해 두는 것도 좋은 대비책이다. 추가적으로, 디지털 유산에 대한 유언장을 작성해 두는 것도 좋은 방법이다. 유언장에 본인이 관리하는 휴대폰, 인터넷 사이트의 아이디, 비밀번호, 암호 등을 적어두고 사후에 어떻게 처리해 달라고 명시해 두면, 상속인들이 신속히 대응할 수 있다.

해외의 사례도 참고할 만하다.

미국은 2004년 엘스워스 사건을 계기로, 디지털 유산 관련 법이 주 단위로 제정되었고, 2014년에는 연방 차원에서 〈디지털 유산에 관한 수탁자 접속 통일법(RUFADAA)〉을 제정해 현재 48개 주에서 시행 중이다.

독일은 2018년 연방대법원 판결에서 "페이스북과의 계약상 지위는 상속인에게 당연히 승계된다"고 판단하여, 디지털 유산상속을 폭넓게 인정했다.

반면, 우리나라는 디지털 유산상속에 관한 법률이 아직 제정되지 않았다. 디지털 유산 중 인터넷 서비스 이용 계약은 이용자가 자신의 사상과 감정을 타인과 교류하는 행위로, 재산적 성격보다 인격적 성격이 강한 면이 있다. 고인은 자신의 사적 정보가 상속인을 포함한 제3자에게 공개되는 것을 원하지 않을 수도 있기 때문에, 단순한 상속과 동일하게 처리해서는 안 된다는 견해도 존재한다. 따라서 디지털 유산의 성격에 따라 상속 여부를 달리 정할 수 있는 새로운 입법이 시급히 필요한 시점이다.

➡ 상속·증여세 법 요약
- 디지털 유산은 정보통신서비스 제공자의 영역에 있는 것으로서 다른 상속재산처럼 처리하기 힘든 성격의 재산.
- 고인의 휴대폰을 열람하기 위해서는 제조회사를 통하여 전화번호 등을 열람할 수 있음.
- 미리 고인의 사망 전에 상속인 지정을 해놓으면 사망 시에 휴대폰에 저장된 전화번호를 통하여 지인들에게 부고 사실 통지가 가능.

➡ 주의사항
- 디지털 유산의 형태가 다양하고 복잡하여 이를 다룰 새로운 입법이 필요한 상태.
- 디지털 유산에 대한 처리에 대하여 유언장 작성 시 관련 정보(인터넷 사이트, 아이디, 비밀번호 등)들을 자세히 기입해 놓는 것이 바람직.

➡ 핵심교훈
디지털 자산도 재산적 가치가 있는 것은 사후에 어떻게 처리할지 미리 계획할 것!

3장

현행
상속제도는
바뀌어야 한다

24

남은 배우자의 거주권 보장...
상속·증여세 법 개정 필요

오랫동안 집에서 남편 병간호를 해온 김혜자 씨는 남편 사망 후 자식들과 상속분쟁이 생겼다. 대학도 보내고 결혼까지 시켰는데 아들과 딸은 남편이 남긴 서울 시내 아파트와 현금 2억 원에 대해 법정지분대로 나누자고 주장한다. 그러면 아들과 딸의 법정지분이 과반이 넘기 때문에 김 씨는 자신이 살고 있는 아파트에서 계속 살 수 없게 된다. 아파트를 처분하고 그 돈으로 사업을 하려는 아들과 자기 집을 사고 싶어 하는 딸이 은근히 김 씨가 가격이 저렴한 지역의 작은 아파트나 빌라로 이사 가 주기를 바라고 있기 때문이다. 김 씨는 그 집에서 오랫동안 자식들을 키우고, 남편 병간호를 했으며, 지역 주민들과도 잘 지내고 있어서 이사 가기가 싫었다. 그러나 김 씨는 자식들의 반대로 인해 결국 아파트를 처분하고 떠나야만 했다.

남편이 병으로 아픈 사이에 간호를 하고 떠나보낸 것도 슬픈데 김혜자 씨와 같은 경우가 생기는 것을 자주 보게 된다. 그런 경우 상속보다는 미리 이혼을 하면 상속분쟁 시 다른 상속인들보다 더 많은 재산을 가져갈 수 있다. 이혼 시 재산 분할은 50%를 주는 것이 대부분이므로 배우자는 집의 지분 반과 현금의 반을 가져갈 수 있다. 그러나 상속 후 재산 분할을 하는 경우, 김혜자 씨 같은 배우자는 전체 재산의 7분의 3만 가져가야 하고, 자식이 3명인 경우에는 3분의 1만, 자식이 4명인 경우에는 11분의 3만 가져가므로 갈수록 그 지분이 줄어든다.

일반적으로 부부가 공동으로 재산을 형성하고 자식들을 키우는데도 불구하고, 부부의 일방이 죽을 경우에 남은 배우자는 이러한 재산형성의 기여를 전혀 인정받지 못하게 되고, 자식들은 재산을 많이 가져가는데 배우자는 오랫동안 살았던 집에서 이사 가야 하는 경우도 실제 생기고 있다. 이러한 문제를 해결할 현실적 필요가 있지 않을까.

일본에서는 2018년 8월에 40년 만에 민법의 상속·증여세 법 분야의 대개정이 있었다. 그때 가장 중요하게 생각한 것은 배우자의 상속지분을 높여주고, 배우자의 기여를 인정해 살던 집에서 계속 거주하게 해주자는 것이었다. 그리하여 배우자의 거주권이 생겼는데, 그것은 배우자가 피상속인이 죽은 후에도 살던 집에서 계속 살 수 있는 권리다. 배우자는 당연히 법률상 배우자를 말한다. 이러한 권리가 생겨서 배우자는 남편이 죽은 후에도 남편의 집에서 죽을 때까지 계속 살 수 있다. 김혜자 씨의 사례처럼 유산 분배를 위해 살던 집을 팔아야 하는 상황에서 벗어날 수 있다. 그 방법은 혼인 기간이 20년이 넘거나, 생전에 남편의 집을 증여받았을 경우에는 그 집을 상속재산 분할대상에서 제외하는 것이다. 남은 배우자는 그 집을 이용해 주택연금 등을 받을 수도 있으므로 죽을 때까지 생활비를 받을 수도 있게 된다.

우리나라에도 이러한 법이 있었다면 김 씨도 자신이 남편과 혼인한 기간이 20년이 넘어가는 경우 상속재산 협의 시 주택은 김혜자 씨로 하고, 현금 2억 원만 법정 지분대로 자식들과 나누면 된다. 자식들은 나중에 김혜자 씨가 돌아가신 후에 자신들의 몫만큼 상속을 받게 된다. 상속재산 분쟁에서 항상 욕심내는 상속인이 있어서 살아계신 한 부모님이 계속 집에 사는 것을 반대하는 사람이 있는데 이러한 법이 생기면 그런 욕심을 낼 수 없게 된다.

배우자에 대한 상속지분의 변경을 기존의 다른 상속인의 지분에 0.5를 가산하는 것이 아니라 아예 50%를 인정하자는 논의가 있었다. 그러나 그렇게 되는 경우 기업들을 중심으로 회사의 지배구조가 바뀌는 등의 부작용이 있어 반려됐다. 현재 상속재산 분할협의 시에 배우자에 대해 더 높은 기여분을 인정해 주거나, 유류분 청구 시에 배우자가 사전에 증여받은 재산을 특별수익으로 보지 않으려는 법원의 태도도 배우자의 몫을 확대하는 입장과 궤를 같이 한다.

유산상속의 권리를 자식들보다는 배우자에게 확대하는 것은 바른 방향이라고 생각한다. 우리나라도 대대적인 상속·증여세 법의 개정이 필요하고, 가족구조의 변화에 따라 배우자에게 거주권을 인정하고 상속 지분을 확대하는 방안을 강구해야 한다.

➡️ 상속·증여세 법 요약

- **현행법상 거주권 자동 보장 안 됨:** 집은 공동상속 재산으로서 재산분할협의로 인하여 집을 팔아야 하는 경우 발생.
- **배우자 거주권 법안 논의:** 배우자가 일정 기간 동안 거주할 수 있도록 하는 법 개정 필요.
- **상속인 간 협의 필요:** 상속재산 협의 시 남은 배우자의 거주권을 보장하도록 협의 필요성.
- **유언장을 통해 거주권 보장 가능:** 피상속인이 유언으로 배우자의 거주권을 지정할 수 있음.

➡️ 주의사항

- 배우자가 사망한 후에도 집에서 계속 살기 위해서는 법적 조치가 필요함.
- 공동상속인 간 분쟁이 발생할 수 있음.
- 유언장을 통해 배우자에게 명확한 거주권을 보장하는 것이 중요함.

➡️ 핵심교훈

배우자의 안정적인 거주를 위해 상속재산 협의 또는 유언을 통해 거주권을 보장해야 함!

25

영상으로 남긴 생생한 유언...
인정받지 못한 이유

　시골에서 오랫동안 농사를 지어왔던 한영훈 씨는 자식을 7남매나 두었다. 아들 둘, 딸 다섯을 두었는데 큰아들은 한 씨 근처에서 농사를 지었고 작은아들은 도시에서 살았다. 한 씨는 나이가 들면서 농사를 짓는 큰아들에게 땅을 다 주고 싶었지만, 작은아들이 그런 기색을 알고 아들들에게 똑같이 땅을 나눠 줘야 한다고 요구했다. 시아버지에게 잘하던 작은며느리도 "아들들에게 똑같이 나눠 주셔야 한다"라고 이야기했다.

　한 씨는 나머지 딸들에 대해서는 상속을 해주려는 마음이 없었다. 이런 사정을 아는 작은아들이 한 씨에게 선물들을 주면서 큰아들과 똑같이 나눠 달라고 하는 내용의 말을 하도록 유도해 영상을 찍도록 했다. 한 씨는 작은아들이 즐겁게 해주고 선물도 주는 바람에 갑자기 영상을 찍었다. 영상을 찍는 곳에는 한 씨와 한 씨의 배우자, 작은아들 내외, 작은아들의 자식들이 있었다. 한 씨는 "나는 다음과 같이 유언하는 바다. 내가 가진 땅들은 큰아들과 작은아들에게 똑같이 나눠 주겠다. 대신 큰아들은 딸들에게 2천만 원씩 나눠 줘라. 그러면 나는 아무런 불만도 없다"라는 말을 영상을 찍으면서 했다.

유언의 방식이라 함은 요식행위인 유언에 관해 민법이 요구하고 있는 일정한 방식을 말한다. 민법이 요구하는 일정한 방식에 따르지 않으면 유언은 무효가 된다. 대법원은 확고하게, 민법 제1065조 내지 제1070조가 유언의 방식을 엄격하게 규정한 것은 유언자의 진의를 명확히 하고 그로 인한 법적 분쟁과 혼란을 예방하기 위한 것이므로, 법으로 정한 요건과 방식에 어긋난 유언은 그것이 유언자의 진정한 의사에 합치하더라도 무효라고 하지 않을 수 없다고 하고 있다. 유언의 방식은 민법에 5가지의 방식이 규정돼 있다. 자필증서에 의한 유언, 녹음에 의한 유언, 공정증서에 의한 유언, 비밀증서에 의한 유언, 구수증서에 의한 유언. 이렇게 5가지의 유언으로만 해야 한다. 우리 민법은 영상에 의한 유언은 인정하지 않고 있다.

이 사건은 영상에 의해 이뤄졌지만 민법 규정의 녹음에 의한 유언으로 봐야 할 것이다. 녹음에 의한 유언의 민법 규정은 이렇다.

유언자가 유언의 취지 및 성명과 연월일을 구술하고, 이에 참여한 증인이 유언의 정확함과 그 성명을 구술해야 한다(제1067조). 미성년자, 피성년후견인, 피한정후견인, 유언으로 이익을 받을 자 및 그 배우자와 직계혈족 등은 유언에 참여하는 증인이 될 수 없다(제1072조 제1항). 이러한 조항에 따라 영상을 찍더라도 결국 녹음이 되는 것이니 증인이 1명 이상 반드시 참여해야 하고, 증인의 자격이 민법의 규정에 부합해야 한다. 따라서 상속을 받을 자나 이로 인해 이득을 얻을 자가 증인으로 참여할 수 없다. 이 사건에서 한영훈 씨 이외에 참석한 자들은 모두 증인 자격은 없으므로 이러한 녹음을 포함한 영상은 녹음에 의한 유언으로서 효력이 없게 되는 것이다.

또한 녹음에 의한 유언의 경우에 그것이 요건에 맞더라도 피상속인이 사망한 경우에 해야 할 절차가 있다. 피상속인의 사망 후에 녹음에 의한 유언이 발견된 경우 즉시 피상속인의 주소지나 상속 개시지를 관할하는 가정법원에 검인절차를 신청해야 한다. 법원은 검인신청이 들어오면 기일을 정하고, 녹음에 의한 유언이 있음을 모든 이해관계자에게 알리고 검증을 한다. 다만 그 검증이 유언의 효력을 확정하는 것은 아니고 그러한 유언이 있음을 공석으로 기재하는 것일 뿐이다. 검인절차를 거쳤다고 하더라도 나중에 유언무효 소송에서 유언은 무효가 될 수 있다. 검인절차에서 이해관계자들이 아무런 이의가 없다면 그러한 검인조서를 가지고 부동산 등기가 가능하나, 등기가 거부될 수도 있으므로 유언효력 확인소송을 제기할 필요도 있다.

이 사건에서 한영훈 씨의 녹음에 의한 유언이 무효가 되더라도 사인증여가 될 여지가 있다. 사인증여는 증여자가 생전에 증여를 약속하는데, 그 증여의 조건이 자신이 사망한 뒤에 효력이 생기는 것이다. 유언과 달리 사인증여는 증여하는 사람과 증여받는 사람 간의 계약이라 의사의 합치가 있어야 한다. 이 사건은 법원에서 사인증여에 해당하는지에 대해 1·2심에서 판단이 엇갈렸다. 1심은 사인증여에 해당하지 않는다고 봤다. 2심에서는 영상 촬영 도중 작은아들이 "상속을 받겠다"는 말을 하지 않았지만, 작은아들이 직접 촬영했고 촬영원본을 소지했으며, 아버지가 촬영 도중 "그럼 됐나"라고 반문하기도 한 점 등을 들어 사인증여 의사의 합치가 있다고 봤다. 그러나 대법원에서는 작은아들이 아버지와 동석해 촬영한 사실만으로 사인증여를 인정할 수 없고, 그렇게 인정하면 다른 자식들에게 불리한 판단이라고 해 사인증여에 해당하지 않는다고 판시했다. 사인증여에 대해 법원은 사실상의 의사의 합치가 있을 정도의 구체적 정황이 있어야 한다고 본 것이다.

비디오나 스마트폰을 이용해 유언을 하는 것이 녹음에 의한 유언이나 자필 유언보다 더 진실한 것일 수 있다. 그러나 우리 민법이 1958년에 만들어질 당시 영상에 의한 유언에 대해 예상하지도 못했다. 시대에 따라 민법의 내용도 바뀌어야 하는데 이러한 방식의 유언도 인정해야 할 때가 됐다고 생각한다. 그러나 아직 영상에 의한 유언은 위험한 방식일 수 있으니 나중에 문제가 되지 않을 공증에 의한 유언 등을 이용하는 것이 바람직하다.

⊡ 상속·증여세 법 요약

- **유언 방식:** 민법에서 인정하는 5가지 방식(공정증서, 자필증서, 녹음, 비밀증서, 구수증서)만 가능(민법 제1065~1070조).
- **영상 유언 무효:** 법적으로 효력 없음.
- **녹음 유언의 조건:** 증인 참여 및 가정법원 검인 필요(민법 제1067조).
- **유언 철회 가능:** 작성 후에도 자유롭게 유언장 변경 가능(민법 제1108조).

⊡ 주의사항

- 영상으로 유언을 남겨도 법적 효력 없음.
- 법적 요건을 갖춘 유언장을 작성해야 유효함.
- 유언장 작성 후 반드시 가족에게 알려 분쟁 방지.

⊡ 핵심교훈

영상으로 유언을 남기는 것은 무의미하며, 민법상 엄격한 요건을 갖춘 방식으로 유언을 해야 법적 효력을 가짐!

26

헌재의 유류분 '위헌' 결정...
달라지는 것들

헌법재판소는 2024년 4월 25일 민법 유류분 조항에 대한 위헌제청 및 헌법소원 사건에서 일부 조항에 대해 위헌 및 헌법불합치 결정을 했다. 헌법재판소는 이전에도 유류분제도에 대해 합헌 결정을 한 바 있었으나, 다시 제기된 청구에 대해 기존의 결정과 다른 결정을 한 것이다. 우선 위헌이 된 부분은 민법 제1112조 제4호의 형제자매의 유류분 청구권이고, 헌법불합치 결정된 부분은 민법 제1112조 제1호부터 제3호 및 제1118조이다. 헌법불합치 부분은 국회가 2025년 12월 31일까지 개정해야 하는 단서가 붙었다.

유류분제도는 1977년 12월 31일 법률 제3051호에서 처음 도입됐고, 지금까지 변화 없이 유지되고 있다. 유류분제도를 도입한 취지는 공동상속인 사이의 공평한 이익이 피상속인의 증여나 유증으로 침해되는 것을 막고, 피상속인의 재산처분 자유, 거래의 안전과 가족 생활의 안정, 상속재산의 공정한 분배라는 여러 이익을 합리적으로 조정하기 위함이었다. 그러나 47년이 지난 지금까지 시대의 변화를 반영하지 못하고 유류분제도가 일률적으로 적용됨으로써 현실적이지 못한 부분이 많아졌다. 상속·증여세 법 제도 전반이 1960년에 만들어져서 유류분뿐만 아니라 상속 및 유언 제도도 비현실적인 것이 많다. 이번 헌재 결정으로 인해 우리나라 상속·증여세 법의 전반적인 내용들이 시대에 맞춰 개정될 필요성이 커졌다고 보인다.

형제자매의 유류분을 규정한 민법 제1112조 제4호는 바로 위헌으로 효력을 상실했다. 핵가족 제도의 확산과 1인 가구의 증가를 볼 때 피상속인의 형제자매들은 피상속인 재산의 증식에 기여했을 가능성이 거의 없고, 그들의 생활까지 보장해 줄 필요성이 사라졌다. 형제자매들까지 유류분을 인정하는 것은 불합리해 위헌이 됐다.

민법 제1112조 제1호부터 제3호에 규정된 유류분 권리자는 피상속인의 배우자, 직계비속, 직계존속인데, 그들 중에 상속 결격사유까지 이르지 않지만, 장기간 부양의무를 이행하지 않거나 정신적·육체적으로 패륜 행위를 하는 자까지 법이 상속분을 보호할 필요가 없음에도 이러한 유류분 상실제도를 두지 않은 것은 불합리하다고 봤다. 앞으로 국회는 유류분 권자 중 장기간 부양의무를 이행하지 않은 자, 가족들에게 패륜 행위를 한 자, 유류분권으로 보호할 필요가 없는 자 등을 대상으로 유류분 자격이 없는 자로 정할 것으로 예상된다.

또한, 유류분제도가 준용하는 법률 규정으로 민법 제1118조가 민법 제1008조의2인 기여분 조항을 인용하지 않음으로써 유류분 청구에서 기여분 항변이 적용되지 않은 불합리가 있다고 헌재는 지적했다. 상속재산 분할심판과 유류분 사건이 분리돼 심리되고 있고, 유류분 사건에서 상속재산 분할심판이 같이 심판되지 않음에도 기여분을 반영할 수 없다면, 기여 상속인의 정당한 이익이 침해되는 문제가 생긴다. 앞으로 국회는 유류분 사건을 심리할 때 기여분을 주장하는 상속인의 항변을 반영할 수 있도록 민법을 개선해야 한다. 기여분 주장은 상속재산 분할심판 시에만 할 수 있도록 돼 있으나 이제 유류분 사건에도 반영될 수 있으므로 두 사건에 통일된 기준이 필요하게 됐다. 유류분 사건은 지금까지 민사 사건이었으나 앞으로는 가사 사건으로 변경이 돼 진행될 가능성이 크다고 보인다.

이러한 쟁점 이외에도 다수의 헌법재판관들이 유류분제도의 개선을 요구했다.

① 유류분권 중 배우자의 권리가 직계비속과 직계존속과 같은 점은 배우자가 피상속인과 혼인하고 자녀를 키우면서 상속재산의 증식에 기여한 점을 고려하면 부당하므로 배우자의 권리를 더 우대할 필요가 있다는 점

② 공동상속인의 증여재산에 대해 시기에 제한을 두지 않고 유류분 반환 대상에 포함하는 것은 재산권에 과도한 제한이므로 이를 적정한 한도 내로 제한할 필요가 있다는 점

③ 유류분 산정 기초재산에 포함되는 증여재산의 범위에 한계가 없

어 공익 목적의 재산증여나 가업승계 부분이 포함돼 불합리한 점이 있으므로 제한돼야 한다는 점

④ 유류분 반환을 민법은 원물 반환만을 정하고 있어 유류분 권리자 사이에 복잡한 법률관계를 발생시키고 법원의 심리가 지연되므로 가액 반환도 법원의 재량으로 가능하도록 입법 조치가 필요한 점

등이다.

유류분제도는 민법에 8개의 조항만 있는 단순한 법 체계로 돼 있다. 그러나 가족관계나 경제상황이 복잡해진 지금 47년간 아무런 변화 없이 유류분제도가 적용됐다는 점에서 헌재의 이번 결정은 매우 시의적절하다. 구체적 타당성이 가장 필요한 것이 판결인데, 지금의 법 제도로 인해 부동산에 지분이 복잡한 판결들이 계속 나온 것이 사실이다. 앞으로 유류분 청구는 가사 심판의 범위에 포함돼야 하고, 유류분권자 중 상실사유가 있는 자는 배제돼야 하며, 기여분 주장을 구체적으로 심리해 타당한 결정이 나오도록 해야 한다. 또한 헌재가 지적한 여러 가지 유류분제도의 문제점들까지 반영한 제도가 나온다면 지금까지 유류분으로 인한 폐해가 많이 사라지게 될 것이다. 유류분제도가 개선되면 구하라 사례처럼 딸을 버리고 오랫동안 연락이 없었던 부모에게는 유류분권이 인정되지 않을 것이다. 그리고 재산 형성에 기여한 상속인은 피상속인의 뜻에 따라 재산을 물려받을 수 있을 것이다.

다만 앞으로 유류분 사건은 상속인에게 패륜 행위가 있었는지, 부양의무를 제대로 이행했는지, 유류분의 보장이 필요한지에 대한 주장들이 제기됨으로써 더욱 복잡해지고, 판사의 재량이 많아짐으로써 재판이 오래 걸릴 것으로 예상된다.

🠖 상속·증여세 법 요약
- **형제자매 유류분 폐지:** 제 배우자와 직계비속(자녀·손자)만 유류분 권리 보유.
- **부양의무 없는 가족은 유류분 없음:** 형제자매가 아닌 직계가족에게만 보호 장치 마련.
- **유류분 청구 범위 조정 가능성:** 향후 국회 개정을 통해 유류분제도 추가 개편 예상.
- **가업 승계 및 공익재단 증여 가능성 증가:** 사업자나 자산가들이 가족 외의 기관으로 재산을 물려줄 가능성 커짐.

🠖 주의사항
- 형제자매가 다른 형제자매의 재산을 받을 가능성이 사라짐.
- 유류분 청구 대상인지 미리 확인해야 함.
- 유언장 작성 시 개편되는 유류분제도를 고려한 설계 필요.

🠖 핵심교훈
유류분 개편으로 상속 설계에 큰 변화가 생겼으므로, 유언장 작성 시 전문가 상담 필수!

27

유언과 비슷하면서
안전하고 간편한 '이것' 인기

우리나라에서 유언장 분쟁과 관련해 가장 많은 것이 자필증서에 의한 유언이다. 간단한 방법으로 유언장을 작성해 편하지만, 법원에서 엄격한 기준으로 유언장의 직법 여부를 판단하므로 분쟁의 가능성이 크다. 그러나 유언장을 작성하지 않아도 유언과 비슷한 효력을 가진 신탁상품이 있으니 그것이 바로 '유언대용신탁'이다. 유언대용신탁은 위탁자가 수탁자에게 현금·유가증권·부동산 등의 자산을 맡기고 살아 있을 때는 운용수익을 지급받다가, 사망한 이후에는 미리 계약한 내용대로 자산을 분배·상속하는 금융상품이다. 위탁자는 피상속인이 될 사람이고, 수탁자는 신탁 인가를 받은 은행, 증권사, 보험사 등이 된다.

갈수록 초고령화 사회에 접어들면서 많은 시니어가 유언대용신탁에 대해 관심을 가지고 있다. 실제 은행에 상속 절차를 맡기는 유언대용신탁의 규모는 1년 사이 급성장했다. 언론 보도에 따르면 올해 3월 말 5대 은행의 유언대용신탁 잔액은 3조 3000억 원으로, 전년 동기 대비 43% 증가했다. 2020년 말 8800억 원에 불과하던 유언대용신탁 수탁 규모의 증가 속도가 무섭다. 유언대용신탁의 서비스는 자산의 운용·분배에만 치중하지 않고, 유산정리 서비스, 금 실물투자 서비스, 유언장 보관 서비스 등까지 확대되고 있다. 고령화 사회로 진입하면서 1인 노인가구가 많아지고, 치매에 걸렸을 때 자산을 관리하기 어렵다는 사정 등을 시니어들이 인식하면서 상속신탁의 수요는 매우 늘어날 것이다. 고령층이 늘어나면 사망자 수가 증가할 수밖에 없어 상속 금융상품은 더 인기가 있을 것이다.

미국에서는 이미 상속은 신탁이라는 말과 같은 의미로 받아들여지고 있다. 우리 사회도 앞으로 상속재산에 대한 분배나 지급 업무를 금융기관이 할 것으로 예측된다. 유언대용신탁의 장점은 유언장을 작성하지 않아도 위탁자의 의도대로 위탁자의 자산을 관리하고 사후에 지정한 수익자에게 분배해 줄 수 있다는 것이다. 피상속인이 유언장을 남기고 사망했을 때의 위험성을 상당 부분 줄여줄 수 있다는 점이 최대의 장점이다. 수탁자는 대부분 금융기관이므로 피상속인의 재산에 대해 횡령이나 배임 등의 문제가 발생할 여지가 없다. 유언장의 검인절차를 밟을 필요도 없고, 신탁기간, 지급방법, 수익자 지정 등 신탁계약을 변경할 때 위탁자는 아무런 비용 없이 쉽게 변경할 수 있다. 또한 유언은 사망한 이후부터 효력이 발생하지만, 유언대용신탁은 계약한 이후부터 효력이 생긴다는 점도 좋다.

그러나 유언대용신탁이 모든 상속분쟁을 해결해 주는 것은 아니라는 사실을 알아야 한다. 유언대용신탁의 내용이 한 상속인에게 모든 재산을 주는 것으로 돼 있다면 나머지 상속인들의 유류분 침해 문제가 생길 수 있다. 헌법재판소에서 최근 유류분에 대해 위헌적인 요소가 있다고 해 헌법불합치 결정을 했다. 그러나 헌재가 유류분에 대해 사회적으로 필요한 제도로 인정하고 있고, 앞으로 국회에서 새롭게 유류분제도가 개선될 예정이어서 유언대용신탁에서도 유류분의 문제는 계속 제기될 수밖에 없다.

특정 상속인에 대한 유언대용신탁이 특별수익에 해당돼 유류분 반환대상이 된다는 판례와 제3자와의 계약으로 유류분 반환대상이 아니라는 판례가 나뉘어 있고, 대법원도 이에 대한 명확한 판단을 하지 않았다. 법리적으로는 다른 상속인에 대해 사전증여로 볼 가능성이 높으므로 이러한 유류분 침해가 해당되지 않도록 유언대용신탁의 내용을 사전에 잘 정하는 것이 중요하다.

또 다른 유언대용신탁의 문제점은 아직까지 절세효과가 없다는 것이다. 상속·증여세 등의 절세를 원한다면 다른 방법도 강구해야 한다는 뜻이다. 유언대용신탁으로 지급받은 재산도 모두 상속재산이 돼 상속세를 부과하고 있다는 점에서 유언대용신탁의 활성화를 위해서는 상속·증여세 감면 등의 조치가 필요하다. 그러나 유언대용신탁을 체결하는 과정에서 법률전문가의 도움으로 상속인들 간의 상속분쟁의 방지를 위해 유언자의 의사를 구체적으로 반영할 수 있다는 점에서 유언대용신탁의 효용성은 높기 때문에 관심을 가질 필요가 있다.

➡️ 상속·증여세 법 요약

- **유언대용신탁이란?:** 금융기관(은행, 증권사 등)에 재산을 신탁하고 사망 후 계약한 대로 분배하는 제도.
- **기존 유언과 차이점:** 법적 효력이 강하고, 공증 절차 없이 사후재산 배분 가능.
- **가족 간 분쟁 방지:** 미리 계약된 조건에 따라 분배되므로 법적 다툼 감소.
- **상속·증여세 절세 효과는 없음:** 상속·증여세를 줄이는 효과는 없으며, 법적 안전장치로 활용됨.

➡️ 주의사항

- 유언보다 법적 분쟁이 적지만, 유류분 문제는 여전히 발생할 수 있음.
- 상속·증여세 감면 혜택이 없으므로 세금 문제는 별도로 고려해야 함.
- 신탁계약 내용을 정밀하게 검토할 것.

➡️ 핵심교훈

유언대용신탁을 활용하면 상속분쟁을 줄이고 피상속인이 원하는 대로 재산을 배분할 수 있음!

28

연락 한번 없던 조카가 내 재산을?
1인 가구의 상속·증여세 법

서울에서 혼자 살고 있는 김경순 씨는 서울에서 대학을 마친 후 자수성가한 사람이다. 이제 나이가 50대를 지나고 있는데, 일에 집중하다보니 결혼을 하지 못했다. 그러나 자산은 이미 수십억 원에 이르러 여유 있는 삶을 살고 있다. 부모님은 이미 돌아가셨고, 다른 남매들은 결혼을 하고 자식들을 키우며 살고 있다. 주변의 갑작스러운 죽음을 보면서 자신도 언제든지 죽을 수 있다는 생각이 들었다. 김경순 씨는 죽은 후 자신의 자산이 그냥 있으면 조카들이 다 가져간다는 말을 듣게 됐다. 평소 연락도 않는 조카들이 자신이 평생 만든 자산을 가져간다는 생각을 하니 소름이 끼쳤다.

우리나라의 1인 가구 비율은 2023년 말 현재 전체 가구수의 35.5%(통계청 인구통계조사)이고, 거의 800만 가구에 이른다. 1인 가구의 비율은 2000년 15.5%에서 2023년 35.5%로 급속히 증가했다. 1인 가구는 여러 이유로 발생하는데, 특히 비혼의 증가, 늦은 결혼 연령, 고령자의 증가 등이 원인이다. 1인 가구인 사람의 걱정은 자신이 갑자기 죽은 후에 누군가에 의해 발견되는 것이다. 그리고 자신들이 평생 일궈놓은 재산을 사후에 어떻게 처리해야 하는지에 대해서도 관심이 많다. 이러한 1인 가구의 증가와 그들의 죽음 이후의 처리 방법에 대해 사회가 관심을 많이 가져야 할 때다.

김경순 씨 사례에서 유언 없이 사망하는 경우에는 부모가 없으므로 상속은 형제자매들에게 간다. 그리고 형제자매들이 사망한 경우에는 조카들에게 상속권이 넘어간다. 만약 그래도 상속인이 없다면 1년 이상 연고자 공고 이후에 국가에 재산이 귀속된다. 뇌출혈이나 갑작스런 사고로 사망한 경우에는 자신과 평소 연락도 없거나 관련이 없는 자에게 재산이 상속될 수 있다. 그러나 누구도 그러한 상황을 원하지 않을 것이다. 그렇다면 1인 가구인 사람들의 재산을 자신들의 의사에 따르고 사회에도 유익하게 처분되도록 하는 방법은 없을까?

가장 우선적인 방법은 유언장을 쓰는 것이다. 지금 우리 민법은 5개의 유언장 작성방식을 정하고 있고, 엄격한 요건을 요구한다. 그런데 1인 가구의 경우에는 유언장을 쓰더라도 나중에 발견되지 않거나, 관련자들에 의해 훼손이 되는 경우 문제가 될 수 있다.

일본의 경우 '유언서 보관법'이라는 것이 있어서 일본 법무부가 자필 유언장을 신고하면 보관해 준다. 그래서 나중에 국가가 상속인이나 관련자들이 유언장 확인 청구를 하거나 유언장을 분실하더라도 유언장의 존재를 증명해 준다. 우리 민법도 유언장 보관이나 등기제도를 도입해 행정센터나 법원에 유언장을 간편하게 등록하게 하고, 사망 시에는 등록한 유언장만 효력이 있도록 하는 제도를 도입할 필요가 있다. 유언은 언제든지 내용의 변경이 가능하므로, 유언자가 수시로 편하게 등록을 하도록 하면 나중에 분실되거나 훼손될 가능성이 없게 된다.

금융기관에 유언신탁이나 유언대용신탁을 한 경우에도 수탁자가 유언자가 체결한 신탁계약서에 따라서 유산을 관리하거나 처분할 수 있다. 특히 이번에 헌법재판소에서 형제자매에 대한 유류분을 단순 위헌결정을 하여, 이제 형제자매가 유류분을 청구할 수 없게 됐다. 이에 따라 김경순 씨 같은 1인 가구가 유언을 하거나 유언신탁을 하는 경우에 그 유언의 취지대로 십행이 가능해졌다. 그래서 평소에 사회단체에 기부하고 싶거나, 좋은 일에 유산을 쓰고 싶다면 그러한 내용을 유언장에 담거나 유언대용신탁을 통해 구현하는 것이 가능하다.

특히 유언장의 경우에는 그 집행을 확실히 하기 위해서는 유언집행자의 역할이 매우 중요하다. 그러나 현재 우리 민법의 유언집행자의 역할에 대한 규정이 오래되고 구체적이지 않아서 문제가 있다. 앞으로 유언집행자의 역할이 증대될 수밖에 없으므로 유언집행자의 업무 범위, 감독체계, 보상 절차 등에 대해 체계적이고 구체적인 입법이 필요하다.

1인 가구인 사람이 치매에 걸리거나 거동이 불편한 경우에 이를 보호할 제도로 성년후견제도가 활성화될 필요도 있다. 임의후견제도는 피후견인과 계약으로 후견인이 최소 범위 내에서 업무를 대행할 수 있다. 또한 1

인 가구에게 일반입양이 아닌 친입양을 통해 자신이 낳은 자식이 아니더라도 입양할 수 있는 기회를 부여할 필요가 있다. 현재 친입양제도는 부부만 할 수 있으나 양육능력이 있는 1인 가구라도 친입양을 할 수 있도록 문호를 넓혀주고, 자신이 원하는 사람에게 상속할 수 있는 길을 열어주어야한다. 이러한 방법들을 도입함으로써 1인 가구가 자신의 유산을 살아 있는 사람이나 사회에 좋게 쓰일 수 있도록 유도함이 바람직하다.

➔ **상속·증여세 법 요약**

- **법정상속 순위:** 배우자 > 직계비속(자녀) > 직계존속(부모) > 형제자매 > 4촌 이내 방계혈족.
- **상속인이 없으면 국고 귀속:** 법적상속인이 없으면 국가가 재산을 가져감.
- **유언장으로 원하는 상속인 지정 가능:** 유언이 있으면 지정하는 사람에게 재산을 물려줄 수 있음.
- **형제·조카도 상속 가능:** 직계존속, 배우자가 없으면 형제자매나 조카가 상속받을 수 있음.

➔ **주의사항**

- 미혼이거나 자녀가 없으면 재산이 원하지 않는 친척에게 갈 수 있음.
- 원하는 상속자가 있다면 반드시 유언장을 작성해야 함.
- 유언장이 없으면 예상치 못한 사람이 재산을 상속받을 수 있음.

➔ **핵심교훈**

1인 가구는 반드시 유언장을 작성하여 재산 상속을 원하는 대로 지정해야 함!

29

배우자 사후 '인척관계 정리' 제도 도입하면 어떨까?

일본 유명 작가 가키야 미우의 장편 소설인《며느리를 그만두는 날》은 사후 이혼을 다루고 있다. 남편이 갑자기 죽은 후에 달라진 시어머니와 시댁 식구들로부터 간섭받지 않고 자유롭게 살기 위해서 주인공 가요코는 사후 이혼을 선택한다. 일본에서는 결혼 후 남편의 성으로 바꾸기 때문에 사후 이혼을 하면 성도 결혼 전의 성으로 바꿀 수 있다. 남편 집안의 사람으로서 살아가는 것보다는 남편 가족과의 관계를 정리하고 자유롭게 살아가는 것을 생각해 보는 것은 매우 자연스럽다고 생각한다. 가요코는 지방자치단체에 '인척관계 종료신고서'를 제출하고, 남편 가족과 인척관계를 종료한다. 그렇게 하더라도 상속이나 연금에는 아무런 문제가 없어 가요코는 새로운 삶을 시작할 수 있다.

소설이 아닌 실제 사례도 있다. 일본의 한 50대 여성은 남편의 사별 이후에 갑자기 시어머니의 간섭이 심해졌다고 불평한다. 결혼 내내 시어머니와 관계가 좋지 않았어도 남편의 사랑 때문에 살아왔지만, 남편이 죽은 후에 남편의 재산과 묘지 관리에 대해 시어머니가 딴지를 걸어서 불편해진 것이다. 그 여성은 그러한 상황에서 도망치고 싶었고, 그렇지 않으면 미칠 것 같았다고 한다. 배우자가 사라진 상황에서 배우자의 가족들과 지속적으로 만나고, 며느리나 사위 역할을 계속해야 한다는 것은 고역이다.

그래서 일본에는 배우자의 사망 후에 그 배우자의 가족과 인척관계를 정리해 버리는 절차가 있다. 사후 이혼은 배우자의 사망 후에 혼인관계를 정리하는 것처럼 보이는데, 사실 사후에 이혼을 하는 것은 불가능하다. 이혼은 배우자 서로 간의 의사의 합치가 있어야 하기 때문이다. 상속받는 데 문제가 없고, 지속적으로 시댁이나 처가댁 사람들과 만나서 어떠한 행위를 해야 하는 것이 부담스러운 사람들에게 좋은 제도다. 이러한 제도를 이용하는 사람들은 대부분 여성인데 1년에 3000건이 넘고 점점 늘어나는 추세다. 여자가 남자보다 수명이 더 길고, 시부모를 봉양해야 하는 책임이 크기 때문이다.

우리나라도 배우자의 사망 이후에는 며느리가 제사에도 오지 않고, 손자들도 보내지 않는 집안이 많다. 누군가의 죽음으로 인해 가족관계가 단절되는 것은 더 이상 낯선 것이 아니다. 그러나 우리나라에서는 이러한 사후 인척관계를 정리하는 제도가 없다. 가장 현실적인 방법은 다른 새로운 이성을 만나 결혼을 하는 것인데, 결혼하면 인척관계가 정리된다.

우리 사회에서 결혼 후 시간이 지남에 따라 배우자 간의 관계가 달라지는 경우 이혼 이외에 이를 변경할 다른 제도가 없다. 수명이 늘어남에 따라 한 배우자와 사는 시간이 길어지고, 사회환경이 변하고 남녀 간의 차별이 없어지면서 결혼 제도에서 벗어나고 싶어 하는 사람들이 늘어나고 있다. 가장 대표적인 것이 '졸혼'이다. 졸혼은 법률적인 부부관계는 유지하면서 실제로는 다른 곳에서 별거하며 독자적인 생활을 하는 것을 의미한다. 가족의 해체 없이 이혼의 부작용을 막을 수 있는 방법으로 졸혼을 선택한 부부도 많이 있다. 졸혼 중인 부부라고 하더라도 경조사를 챙기고, 자식이나 손자들도 같이 본다. 부부라서 인정되는 연금이나 보험의 혜택도 받을 수 있다. 졸혼 중에서 배우자가 사망하더라도 상속인의 지위에 문제는 없으나, 다른 상속인이 같이 살면서 배우자가 해야 할 역할을 했다면 피상속인에 대한 기여분의 문제가 생길 수 있다.

우리나라도 배우사 사후에 인척관계를 정리하는 제도의 도입이 필요하다고 본다. 우선 현재 결혼 후 이혼율이 높은 것은 결혼이나 이혼이 개인 대 개인의 문제이지 과거처럼 집안끼리의 문제가 아니라고 생각하기 때문이다. 또한 배우자가 죽더라도 배우자의 부모에 대한 부양의무를 계속 지는 것을 받아들이기 어려워하는 세상이다. 그러므로 일부 사람은 배우자의 사후에 인척관계를 종료하고 싶어 할 수 있다. 다만, 배우자가 부모보다 먼저 죽으면 대습 상속을 통해서 배우자 부모의 재산을 며느리나 사위가 상속받을 수 있는데, 인척관계가 정리되면 상속을 받는 것은 불가능하게 된다. 그러면 배우자 부모의 재산이 많아서 인척관계를 정리하지 않고 싶은 자는 그대로 남아서 부양의무를 계속 부담하고, 그렇지 않은 경우에는 인척관계를 종료하고 남처럼 살면 된다.

⊡ 상속·증여세 법 요약

- **배우자가 사망해도 인척관계 유지:** 현행법상 배우자가 사망해도 자동으로 인척관계가 끝나지 않음.
- **재산상속과 무관:** 인척관계를 끊어도 이미 상속받은 재산에는 영향을 주지 않음.
- **인척관계가 부담이 될 수도 있음:** 배우자가 사망한 후에도 시댁이나 처가와의 법적 관계가 유지될 수 있음.

⊡ 주의사항

- 배우자가 사망했다고 자동으로 인척관계가 정리되는 것이 아님.
- 상속관계에는 영향을 주지 않고, 법적 의무도 그대로임. 일본에 있는 '인척관계 종료 신고' 제도의 필요성이 있음.

⊡ 핵심교훈

배우자가 사망한 후 법적 인척관계를 종료하는 '인척관계 종료 신고' 제도의 도입이 필요함!

30

돈 많은 남자가 죽은 후
냉동 정자를 통해 자식이 생겼다면?

의학 기술이 발달하면서 임신이 어려운 사람들을 위한 난자, 정자 동결 보관이 늘어나고 있다. 나중에 몸 상태가 좋아지거나 임신할 상황이 되면 냉동했던 배우자의 난자나 정자를 이용해 임신 후 아이를 가실 수도 있다. 그런데 이러한 기술을 통해 임신한 여자가 정자의 주인인 남자가 죽은 이후에 유산분배 소송을 제기한 경우가 중국에서 발생했다. 그들은 불륜 관계였는데, 여자는 남자가 사망한 뒤 냉동 배아로 있던 남자의 정자를 이용해 임신하고 출산했다. 죽은 남자는 상당한 재산을 가진 사업가로, 불의의 교통사고로 죽었는데 이미 부인과 자식들이 있었다. 불륜녀는 남자의 상속인들을 상대로 태어난 아이도 상속권이 있다고 주장했다.

이에 대해 중국 법원은 남자가 사망한 후에 유가족의 동의 없이 인공수정이나 배아를 이식한 행위는 공공질서에 위배돼 법적 보호를 받을 수 없다고 하며, 불륜녀의 청구를 기각했다. 법원은 냉동 배아에 대한 상속권을 인정하기 어렵다고 하면서, 생명의 초기단계로서 하나의 인격체로 인정할 수 없다고 판단했고, 남자의 정자를 사전에 아이를 갖기 위해 사용하도록 승낙받았다고 볼 수도 없다고 했다. 중국에서는 이전에도 남편이 지병으로 사망한 이후에 부인이 냉동 배아를 통해 출산한 후 상속권을 주장한 경우가 있었지만, 배아를 통해 임신하고 출산한 경우까지 상속권이 보장되지 않는다고 했다.

배아와 태아에 대한 구별은 이렇다. 배아는 난자와 정자의 수정 후 8주 이내의 세포로, 각종 신체기관으로 분화되기 전의 세포를 의미한다. 배아에 대한 의견도 다른데, 단지 배아를 치료제나 연구 자재 등으로 보는 견해와, 앞으로 생명체가 될 능력을 가진 세포로서 잠재적인 생명체로 보는 견해가 있다. 태아는 8주 후부터 신체가 분화되는 단계의 세포를 의미한다. 태아는 우리 민법 제1000조 제1항에서 상속에서는 이미 태어난 것으로 본다고 돼 있다. 남편이 사망한 후에 태아가 상속권자로 인정되지 않으면 남편의 부모가 상속을 받게 되므로, 이런 경우 남편의 부모와 부인이 대립할 수 있다. 태아가 죽으면 상속권이 소급적으로 소멸하지만, 실제로는 아이가 태어난 후에 권리를 행사할 수 있다. 그런데 위 사건처럼 남편이 죽기 전에 냉동 배아로 보관된 정자를 이용해 다른 여자가 임신한 경우까지도 상속권을 보장할 수 있느냐에 대해 생각해 볼 수 있다.

우리나라에서 냉동 정자를 남자가 죽은 이후에 아내에게 체외수정하도록 한 병원이 생명 윤리 및 안전에 관한 법률에 위반됐다고 처벌받은 적이 있다. 말기암 진단을 받은 남편이 항암 치료를 받던 중 자신의 정자를 냉동 보관한 후 사망했다. 아내가 죽은 남편의 정자를 이용해 체외수정을 하겠다고 했는데, 이러한 사실을 몰랐던 병원이 체외수정을 하게 해줬다. 생명 윤리 및 안전에 관한 법률 제23조에는 사망자의 난자 또는 정자로 수정하는 것은 금지돼 있으며, 이를 위반하면 징역형이나 벌금형의 처벌을 받게 돼 있다. 다른 많은 나라에서도 사망자의 냉동 난자나 정자를 통해 임신하는 것을 금지하고 있다. 태어나는 아이가 부모 한 명이 없는 상태에서 태어나는 것을 비인간적으로 보기 때문이다.

우리나라에서 죽은 자의 냉동 정자를 이용해 임신하는 것은 형사처벌을 받는다. 그러나 그렇게 해서 태어난 아이의 상속권을 인정하느냐의 문제는 별개이다. 피상속인이 사망한 시기에는 배아 상태였으므로 태아가 아니라는 이유로 상속권을 부정할 수도 있다. 또한 피상속인의 정자는 사후 상속인들의 소유이므로 상속인들의 동의를 받아야 한다. 그러나 피상속인이 사망한 이후에도 혈연관계에 있는 자식은 인지 청구와 상속 재산 분할 청구가 가능하다는 점에서, 이렇게 태어난 아이도 상속권을 인정해야 하지 않겠느냐는 의견도 있지만, 그렇게 되면 잘못된 관계가 계속될 수 있어서 바람직한 의견은 아니라고 생각한다. 과학기술의 발달로 임신이 어려운 사람들을 위한 냉동 배아 보관이 상속문제에도 영향을 줄 수 있다는 점이 놀랍다.

⊡ 상속·증여세 법 요약

- **태아는 상속권 인정:** 법적으로 이미 태어난 것으로 간주(민법 제1000조제3항).
- **냉동 정자로 태어난 아이는 논란:** 사망 후 정자를 사용한 경우, 상속권 인정 여부 불확실.
- **현재 한국 법에서는 금지:** 사망자의 정자를 이용한 인공수정은 불법(생명윤리법 제23조).

⊡ 주의사항

- 사망 후 냉동 정자로 출생한 경우, 상속 인정이 되기 어려움.
- 상속권을 확보하려면 생전에 법적 조치를 취해야 함.
- 한국에서는 사망자 정자로 출생한 아이의 상속이 법적으로 불가능.

⊡ 핵심교훈

정자 보관시에는 나중에 이것이 활용되지 않도록 미리 폐기하거나 사용방법에 대한 유언이 필요함!

상속인 없이 사망 시
모든 재산 국고로... 과연 정당한가?

사회복지사 신아현 작가의 에세이집 《나의 두 번째 이름은 연아입니다》는 사회복지사와 취약계층에 대한 인간적인 이야기들로 가득하다. 이 책에서 신 작가가 두 번째 이름으로 연아를 선택한 이유는 노인들이 여성 사회복지사들에게 무례하게 부르던 말투에서 비롯됐다. 신 작가는 그러한 환경에서도 노인들을 따뜻하게 대했고, 그 경험들을 기록해 책으로 엮었다.

책 속에는 '깡통 할아버지'라는 인물에 관한 이야기가 나온다. 그는 30년 넘게 혼자 살며 현금이 거의 없었으나 아파트 한 채를 소유하고 있어 기초생활보장 수급자격도 얻지 못했다. 그는 전기와 가스를 사용하지 않고 극도로 절약하며 살다가 어느 날 누운 채로 발견돼 생을 마감했다.

우리 민법은 상속인이 없는 경우 상속재산을 어떻게 처리해야 할지를 규정하고 있다(민법 제1053조~제1059조). 상속인이 불분명한 경우, 법원은 상속재산 관리인을 선임해 고인의 재산을 조사, 목록 작성 후 유증자나 상속채권자에게 보고하도록 한다. 만약 상속인이 끝내 나타나지 않으면 1년 이상 공고를 낸 후에도 상속인이 없을 때 특별연고자에게 재산 분배를 청구할 기회를 준다. 이마저도 없다면 피상속인의 재산은 민법 제1058조에 따라 국가로 귀속된다. 이후 상속채권자도 국가에 채무 변제를 요구할 수 없게 된다.

깡통 할아버지의 사례에서 상속인이 있었는지는 확인되지 않는다. 하지만 통계청에 따르면 2023년 기준 1인 독거노인은 약 213만 명이며, 2040년에는 400만 명을 넘어설 것으로 추정된다. 독거노인이 증가하며 상속인이 나타나지 않아 결국 재산이 국가로 귀속되는 사례가 점점 많아질 수 있다.

현재 매년 국가로 귀속되는 상속재산의 정확한 규모는 잘 알려져 있지 않다. 일본의 경우, 2017년 기준 약 520억 엔(약 4700억 원)의 상속재산이 국가로 귀속됐으며, 해마다 그 규모가 증가하고 있다. 상속인이 없는 재산이 고인의 뜻과 상관없이 국가로 귀속된다는 점에서, 과연 이러한 제도가 정당한지 의문이 든다. 국가로 재산이 귀속되는 이유는 사회질서를 유지하고, 무주재산을 방치하지 않기 위해서다. 방치된 재산은 관리 주체가 없어지므로 국가가 이를 공익적으로 활용해야 한다는 논리다. 하지만 본인이 사망 후 국가로 재산이 귀속될 것을 예상하는 사람들이 이러한 논리를 납득할 수 있을지는 의문이다.

깡통 할아버지의 경우, 주택을 담보로 주택연금을 받거나, 주택을 매각한 뒤 매각 대금을 신탁에 넣어 매달 생활비를 받는 방법도 있었을 것이다. 또한 자신의 재산이 어떻게 사용될지에 대해 미리 정해두는 유언이나 계약을 작성했다면 좀 더 나은 선택이 가능했을 것이다. 따라서, 독거노인들이 살아 있는 동안 자신의 재산을 보다 효율적으로 활용할 수 있도록 사회적 제도와 교육이 뒷받침될 필요가 있다.

작가의 책에서도 사회복지사는 깡통 할아버지의 고집을 꺾을 수 없었던 안타까운 사례를 다룬다. 그는 할아버지에게 기부받은 새 옷을 전해주기도 했지만, 이러한 일시적인 도움으로는 근본적인 해결책이 되지 않았다. 자신이 소유한 주택을 처분하지 못하고 극도로 가난하게 살았던 할아버지의 생활이 진정 잘 살았다고 보기는 어려울 것이다.

상속인이 없는 경우 국가로 귀속되는 재산의 규모를 투명하게 공개하고, 이를 기초생활 수급자는 되지 않지만 어려운 경제적 상황에 처한 사람들을 돕는 데 활용하는 것이 어떨까? 이렇게 함으로써 상속인이 없는 재산의 국가 귀속에 대한 정당성을 높일 수 있다. 단순히 재산이 국가로 귀속돼 다른 목적으로 전용되는 것은, 국가가 사유재산을 너무 쉽게 취하는 것으로 보일 수 있다. 이러한 제도 개선이 필요할 때다.

☑ 상속·증여세 법 요약

- **법정 상속인이 없으면 국고 귀속:** 상속인인 배우자, 자녀, 부모, 형제자매가 없으면 국가가 재산을 가져감.
- **국고 귀속을 막으려면 유언장 필요:** 원하는 사람이나 기관에 재산을 남길 수 있음.
- **친척이 있으면 해당 친척에게 상속 가능:** 4촌 이내 방계혈족까지 상속 가능.
- **사회단체나 공익단체에 기부 가능:** 유언을 통해 자선단체나 특정 기관에 기부할 수 있음.

☑ 주의사항

- 미혼, 독신자로서 상속인이 없다면 국고 귀속을 방지하기 위해 유언장을 작성할 것.
- 유언에서 상속인을 지정하지 않으면 국고로 귀속됨.
- 자신의 재산을 제대로 활용할 공익단체 기부 등도 고려할 수 있음.

☑ 핵심교훈

상속인이 없을 경우, 재산을 원하는 곳에 남기려면 반드시 유언장을 작성해야 함!

사망 후 자산관리도 가능해졌다...
보험금청구권 신탁

갑자기 40대에 말기암 판정을 받고 회복할 수 없는 단계에 있던 김희망 씨는 자신이 죽은 후에 지급되는 사망보험금을 수익자인 자식에게 잘 쓰이길 바라는 마음이 있다. 사업하는 남편 마음대로 써서 없어질까 봐 걱정됐다. 자신이 죽으면 나올 사망보험금이 어린 자식에게 마지막 선물이 될 것이니 걱정이 되지 않을 수 없다.

아이가 대학을 갈 때는 입학금이 필요하고, 사회에 나가면 전세보증금도 필요할 텐데, 사망보험금이 그런 데에 쓰일 수 있도록 하는 방법을 김희망 씨는 최근 알게 되어 웃음을 지었다. 그것은 바로 보험금청구권 신탁이다.

보험금청구권 신탁은 피보험자가 사망한 경우에 수령하는 보험금을 신탁사가 관리하면서 수익자에게 보험계약자가 정한 대로 지급하는 금융상품이다. 신탁은 위탁자인 보험계약자가 일정한 목적에 따라 재산의 관리와 처분을 수탁자에게 맡기는 계약이다. 그리고 사망보험은 보험계약자가 피보험자로서 사망할 것을 조건으로 수익자에게 보험금을 지급하는 구조다. 살아 있을 때는 자신의 재산을 스스로 관리할 수 있지만, 사망한 경우에는 그 재산을 관리할 수 없게 된다. 그래서 신탁제도는 사망한 이후 자산관리에 가장 유용하고 강력한 제도다.

이전까지 은행, 보험사, 신탁사 등 금융회사가 부동산이나 금전의 경우에는 신탁계약을 맺을 수 있었지만, 보험금청구권에 대해 신탁계약을 맺지 못했다. 고령화가 심화하고 고령층의 자산이 축적되면서 사망 후의 재산 관리에 대한 필요성이 제기돼 이번에 금융투자업에 관한 법률의 시행령이 개정되면서 금융회사가 사망보험금을 신탁재산에 포함해 운용할 수 있게 됐다.

이번에 허용된 보험금청구권 신탁은 3,000만 원 이상의 일반 사망 보장보험에만 한정된다. 재해나 질병으로 사망한 경우에 지급하는 보험금청구권은 이러한 보험사고의 발생 여부에 대한 판단이 필요하고 불확실해 제외됐다. 그리고 그 보험계약에 대해 대출이 없어야 한다. 보험계약자, 피보험자, 위탁자가 동일인 경우이고, 수익자는 직계존비속과 배우자로만 한정돼 있다. 보험금청구권 신탁의 가입자들은 자신들의 사망보험금이 사후 어떻게 관리되고 지급되는지에 대해 상세히 정할 수 있다.

이전에는 보험금을 수익자에게 지급하면 계약이 종료됐지만, 보험금청구권 신탁은 자녀나 배우자 등의 수익자에게 어떤 시점으로 지급돼야 하는지 구체적으로 미리 설정이 가능해 그러한 업무가 모두 종료돼야 계약이 종료된다. 그래서 보험계약 내용에 없는 수익자로서 평소 연락이 없었던 상속인에게 보험금이 지급되는 일이 없도록 할 수 있다.

손자들의 대학 학비를 지급하고 싶은 조부모는 자신의 사망보험금을 손자들 대학 입학 시기에 맞춰 학비를 지급할 수 있고, 성년이 되는 시점에 일정 금액을 지급하게 할 수 있다. 발달장애를 가지고 있는 자식이 있을 경우, 그 자식에게 매달 일정 금액을 지급하도록 하고, 병원비나 생활비가 추가적으로 들어갈 경우에도 지급하도록 정할 수 있다. 자녀가 일정한 나이에 이를 때까지는 금원을 지급하지 않고, 어느 정도 재산을 모아서 자립 능력이 됐다고 할 때 목돈을 주는 내용으로 정할 수도 있다. 이러한 보험금청구권 신탁은 가족들의 상황에 맞춰 개별적으로 사망보험금을 관리할 수 있다는 장점이 있다.

김희망 씨는 사망보험금 6억 원을 9년 간 매달 300만 원씩 자식의 생활비와 교육비로 지급하게 하고, 대학에 입학할 때에 1억 원, 졸업할 때에 2억 원을 지급하는 것으로 정했다. 앞으로 김희망 씨는 자신이 이 세상에 없다고 하더라도 자식에게 엄마의 사랑을 계속 전할 수 있어서 행복했다. 상속재산을 이렇게 살아 있을 때 정할 수 있는 방법이 있다는 것은 피상속인들에게는 축복과 같은 것이다. 그리고 재산상속은 죽기 전에 미리 유언이나 신탁을 통해 분명히 정리해 놓는 것이 필요하다는 점에서, 보험금청구권 신탁은 피상속인의 유산 정리에 관한 좋은 방법으로 많이 선택될 것이다.

➡ 상속·증여세 법 요약

- 보험금청구권 신탁은 피보험자가 사망한 경우 받는 보험금을 신탁사가 관리하면서 보험계약자가 지정한 대로 지급하는 새로운 신탁제도.
- 사망한 후에 보험계약자가 구성한 내용대로 집행되므로 피상속인의 의사에 부합.
- 사망보험금 3,000만 원 이상인 경우에만 적용. 보험계약자, 피보험자, 위탁자가 동일인이고, 수익자는 직계존비속과 배우자에 한정.
- 직계존비속의 상황에 맞는 보험설계가 가능한 것이 장점.

➡ 주의사항

- 일반 사망으로 인한 보험만 가능하고, 재해나 질병 사망으로 인한 보험금은 제외.
- 보험금 지급 시기에 대하여 구체적으로 설계해야 하고, 다른 가족들이 동의할 수 있도록 내용을 오픈하는 것이 좋다.
- 유언장에도 보험금청구 신탁을 가입한 사실을 반드시 기재할 것.

➡ 핵심교훈

자신의 상속재산이 사후 의미 있게 사용되도록 미리 보험설계를 구체적으로 하는 것을 권함!

33

"상속은 영혼을 망친다?" 남은 돈 잘 쓰는 법 고민하자

　보건복지부가 발표한 '2023년 노인실태조사'에 따르면, 노인들의 재산 상속 및 장례 방식에 대한 가치관이 크게 변화했다. '재산을 모든 자녀에게 골고루 상속하겠다'는 응답이 51.4%로 집계됐고, '자신과 배우자를 위해 재산을 사용하겠다'는 24.2%, '부양을 많이 한 자녀에게 많이 상속'은 8.8%를 차지했다. 특히 주목할 점은 '자신 및 배우자를 위해 사용하겠다'는 비중이 기존 조사보다 크게 상승(2020년 17.4% → 2023년 24.2%)했다는 점과, '장남에게 많이 상속하겠다'는 비율이 2008년 21.3%에서 2023년 6.5%로 크게 줄어들었다는 사실이다. 단기간에 노인들의 의식 변화가 크게 나타났다.

　재무설계사이자 라이프 코치인 스테판 폴란과 마크 레빈이 1997년에 쓴 《다 쓰고 죽어라(Die Broke)》는 재산을 가장 잘 사용하는 방법에 대한 철학을 담고 있다. 이 책은 상속의 개념이 시대에 따라 변한다는 점을 강조한다. 과거 고전적 상속 개념은 주로 고정자산의 승계를 중심으로 이루어졌지만, 현대 상속은 뮤추얼 펀드와 채권 등 다양한 재산이 포함되면서 그 본질이 달라졌다.

폴란은 상속이 자녀에게 비효율적인 방식이라고 주장하며, 이는 상당한 상속·증여세 부담 때문이라고 설명한다. 그는 세상을 떠나기 전에 장례비 정도만 남기고, 자신과 배우자를 위해 전 자산을 사용하는 것이 바람직하다고 강조한다. 그렇다면, 노후까지 돈 걱정 없이 재산을 가장 잘 쓰는 방법은 무엇일까? 대표적인 방법으로는 부부가 전 자산을 연금화하여 관리하는 것이다. 금융상품에 즉시연금 등을 가입해 매달 원리금을 연금으로 수령하고, 부동산도 주택연금을 활용해 매달 연금을 받으면서 그 범위 내에서 생활하는 방식이다. 주택연금은 사망 시 부동산 잔존 가치가 남아 있으면 자녀들에게 상속할 수도 있다.

나이가 들어 병원 치료나 요양원 입원이 필요할 경우를 대비해 일정 금액을 수시 입출금이 가능한 통장에 넣어두고 사용하면 된다. 또한, 안정적인 배당이 나오는 주식이나 펀드에 투자하는 등 은퇴 후에도 적절한 자산 배분을 통해 재정적 안정을 유지하는 것이 중요하다.

폴란과 레빈의 저서는 나이가 들어 돈을 잘 쓰는 방법에 대해 구체적인 조언을 담고 있다. 예를 들어, 부부나 가족과 함께 여행을 가거나, 자녀들의 여행을 지원해 주는 것이다. 자녀들에게 휴가 때 집으로 오라고 비행기 요금을 내주거나, 여행 중 고용할 보모의 비용을 대주는 것도 좋은 방법이다. 새로운 환경에서의 경험은 뇌를 자극하고 삶의 질을 높이는 데 도움이 된다.

또 다른 권장 방법으로는 시니어 타운에 거주하는 것이다. 시니어 타운은 65세 이상 노인들이 이용하는 노인복지주택으로, 공동식당, 주치의, 스포츠센터, 문화센터, 금융기관 등 편의시설이 잘 갖추어져 있어 편리한 생활을 제공한다. 일본에서는 이미 다양한 시니어 타운이 존재하며, 노인들이 비교적 저렴한 비용으로 안정된 생활을 할 수 있다. 이러한 환경은 치매 예방에도 긍정적인 영향을 미칠 수 있다.

우리나라에서도 적정한 비용으로 다양한 시설을 갖춘 시니어 타운을 활성화하기 위해 정부의 지원이 필요하다. 또한, 보증금을 확실히 보호받을 수 있는 법적 장치가 마련된다면, 더 많은 노인들이 이러한 주거 형태를 선택할 수 있을 것이다.

베이비부머 세대를 포함해 앞으로 더 많은 사람이 시니어 타운에서 새로운 은퇴 문화를 만들어 나갈 수 있다. 이는 남은 재산을 잘 사용하며, 은퇴 후에도 풍요롭고 건강한 삶을 살 수 있는 좋은 방법이 될 것이다.

➡️ 상속·증여세 법 요약

- 현재 노인들은 재산을 자신과 배우자를 위하여 사용하겠다는 의식이 높아짐.
- 상속재산의 유형은 부동산이나 예금에서 채권과 주식 등으로 이전하고 있어 새로운 상속 방안을 개발해야 함.
- 노후 대비의 중요한 방법은 '자산의 연금화'로서 매달 현금을 확보할 수 있는 방안을 강구해야 함. 대표적인 예로 국민연금, 즉시연금, 주택연금 등이 있음.
- 앞으로 노인들의 주거를 위해서 값싸고 살기 좋은 시니어 타운이 보급되어야 함.

➡️ 주의사항

- 상속재산의 유형이 다변화하고 있으므로 적극적인 상속대책을 마련해야 함.
- 노후 현금 확보를 위하여 금융자산 전문가와 노후설계를 하는 것이 바람직.

➡️ 핵심교훈

미리 준비한 노후가 나머지 인생의 질을 결정한다.

2부

상속·증여세 편

4장

상속·증여세는
어떤 세금일까?

34

서울 아파트 물려받으면 상속세 얼마 나올까?

서울 아파트 한 채의 평균 가격이 12억 9967만 원(부동산R114 2024년 6월 기준)이다. 서울 전체 아파트가 167만 채인데, 아파트의 3분의 1 이상은 이 가격을 초과할 것으로 추정된다. 이제 상속세는 부자들만의 세금이 아니라 중산층의 세금이 됐다는 말이 나오고 있는 이유이다. 내 부모가 서울에 아파트를 소유하고 있다면 과연 상속세를 내게 될 것인가? 상속세는 부모 재산이 얼마나 있어야 내는 세금인지 알아보자.

상속세는 피상속인의 상속재산 평가액(시가)에서 상속공제를 한 잔액을 과세표준으로 삼아 10~50%의 누진세율을 곱해 계산한다. 상속세율은 1억 원 이하는 10%, 1억 원부터 5억 원까지는 20%, 5억 원부터 10억 원까지는 30%, 10억 원부터 30억 원까지는 40%, 30억 원 이상은 50%의 누진세율로 적용된다. 상속공제는 일괄공제가 5억 원이며, 배우자공제까지 포함하면 최대 10억 원이 된다. 배우자와 자식들이 있으면 10억 원까지, 배우자만 있으면 7억 원, 자식들만 있으면 5억 원까지 공제를 받을 수 있다. 또한 금융재산은 순금융 재산의 20%까지 공제를 받을 수 있다. 따라서 상속재산 중 기본적으로 5억 원은 공제를 받고, 부모의 배우자가 한 분이라도 계시면 10억 원까지 공제를 받는다고 보면 된다.

그러면 상속받은 아파트나 토지의 가격은 어떻게 평가하느냐가 중요하다. 아파트의 가격은 호가, 거래가, 공시가격 등이 있다. 각종 부동산 사이트에서는 아파트의 가격과 관련해 최저가격과 최고가격의 범위를 공시한다. 실제 거래된 가격도 나오지만, 아파트는 평형, 동·호수, 남향 여부, 저층·고층 여부에 따라 다르다. 해당 아파트와 동일한 아파트가 거래됐다면 그 거래가격이 시가가 된다. 그러나 동일한 아파트가 없을 경우, 유사매매 사례법으로 평가하는데, 동일 단지 내 전용면적 차이가 5% 이내이고 공시가격 차이가 5% 이내면 유사한 재산으로 보고 그 재산의 거래가격을 시가로 본다. 서울의 아파트는 동일하거나 유사한 아파트 사례가 많으므로 시가 산정이 어렵지 않다. 빌딩이나 토지 같은 특수 부동산은 시가 산정에 대해 국세청과 상속인들 간 다툼이 많다.

서울 아파트 가격이 10억 원 이상인 경우, 최대 공제를 받더라도 10억 원이므로 그 차액이 상속세 과세대상이 된다. 기본 5억 원 공제만 받으면 아파트 가격과 5억 원의 공제금액 차이만큼 상속세 과세대상이 된다. 따라서 피상속인의 배우자가 없는 경우라면 서울 아파트 가격이 5억 원 이상인 곳은 상속세를 내야 하는 상황이 되는 것이다. 결론적으로 말하면, 서울 아파트든 그 외 지역 아파트든 5억 원 이상인 경우에는 상속세 신고를 해야 하고, 납부도 해야 한다는 점을 명심해야 한다.

국세청에 따르면 2023년 상속세 과세 대상자는 1만 9944명으로 2019년(8357명)보다 2.4배 증가했다. 결정세액은 12조 3000억 원으로 2019년(2조 8000억 원) 대비 4.4배 증가했고, 2013년(1조 3630억 원)보다 약 9배 늘었다. 상속재산 가액 규모별 신고 인원이 가장 많은 구간은 10억~20억 원 구간으로 전체 신고 인원의 42.9%를 차지했다. 해당 구간의 신고 인원은 7849명(42.9%)으로, 1인당 평균 7448만 원을 납부했다. 상속세 연부연납 건수는 4425건(24.2%)으로 나타났다. 세액은 전체 신고 세액 중 48.9%인 3조 1000억 원으로 집계됐다. 2019년과 비교하면 연부연납 건수는 3.1배 늘었다. 이렇게 상속세는 중산층에게도 중대한 과세 부담이 되는 세금이 됐다.

상속세의 기능 중 하나가 재산불평등 해소에 있다. 그러나 현재 추세로는 상속세 부담을 지는 사람이 과도하게 많아질 가능성이 크다. 물가상승에도 불구하고 상속·증여세 과세표준이 1997년 이후 27년째 변하지 않은 점도 문제다. 시간이 지나면서 세금이 자동적으로 증가하는 구조가 되어버렸다. 세금의 순기능을 차치하고서라도, 물가상승을 반영하지 않는 세금은 위헌적이라고 본다. 부모님이 물려주신 재산에 대해 또 과도한 세금을 내라고 하는 것은 인간답게 살 권리를 보장한 헌법을 위반하는 것일 수도 있다. 지금 상속·증여세 법의 개정이 시급하다.

➡ 상속·증여세 법 요약

- **법정 상속인이 없으면 국고 귀속:** 1억 원 이하는 10%, 15억 원 20%, 510억 원 30%, 10~30억 원 40%, 30억 원 초과 50%.
- **공제 혜택:** 배우자가 있으면 최대 30억 원 공제, 배우자 없이 자녀만 있으면 5억 원 공제.
- **부동산 평가방법:** 실거래가, 유사매매 사례, 감정평가를 통해 결정.
- **서울 아파트 평균 가격:** 현재 아파트 평균 13억 원대이므로 배우자 없이 상속받으면 상속세 대상이 될 가능성이 큼.

➡ 주의사항

- 상속세 신고 기한은 사망 한 달이 속하는 달의 말일부터 6개월.
- 배우자가 있으면 공제 한도가 늘어나므로 배우자 상속공제 고려.
- 상속세 절세 전략으로 사전증여 활용 가능.

➡ 핵심교훈

배우자가 있는 경우는 10억, 없는 경우는 5억 원 이상 가치의 부동산을 상속받으면 상속세 대상이 될 가능성이 높으므로, 사전에 절세 전략을 준비해야 함!

35

"51억 내세요" 상속 포기했는데, 상속세가 부과됐다?

상속재산에 대한 상속세 부과가 이전보다 많아지고 금액도 커졌다. 이에 따른 분쟁도 늘어나고 있는 상황이다. 최근 감사원이 배포한 보도자료에 따르면, 국세청이 사망한 부모의 상속재산을 받지 않겠다고 상속포기를 한 자녀들에게 무리하게 상속세를 부과한 사례가 논란이 되고 있다.

사건의 내용은 다음과 같다.

어머니와 자식 6명이 경기도에 7만여 평의 땅을 공동으로 소유하고 있었다. 그 토지 전체 가액은 2012년 공시가격 기준으로 약 250억 원 상당이었다. 어머니가 30%의 지분을 보유해 약 75억 원 상당의 토지를 소유하고 있었다. 어머니가 2012년 사망하자 자식 6명은 모두 재산을 상속받지 않겠다며 상속포기 신청을 가정법원에 제출해 수리됐다. 자식들은 어머니가 여러 문제로 소송에 걸려 있고 그 땅의 지분을 가져도 복잡한 권리관계를 해결하기 어렵다고 판단해 상속포기를 했다.

자식들이 상속을 포기하자, 상속인을 찾기 위해 국세청은 법원을 통해 상속받을 사람에 대한 공고를 했다. 그러나 끝내 상속인이 나타나지 않아, 어머니의 상속재산은 국가로 귀속됐다. 그럼에도 불구하고, 2020년에 서초세무서는 자식들에게 상속세로 51억 원을 부과했다. 원래 상속세 25억 원에 가산세까지 포함해 총 51억 원을 부과한 것이다. 이에 자식들은 국세청이 아닌 감사원에 상속세 부과를 취소해 달라며 심사청구를 했다.

서초세무서가 과세 근거로 주장한 것은, 민법 제267조에 따라 "토지를 다른 사람과 공유한 사람이 상속인 없이 사망하면 그 지분은 다른 공유자의 지분이 된다"는 규정을 들어 자식들이 어머니의 지분을 가진 것으로 간주하고 상속세를 부과한 것이었다. 어머니에 대해 상속을 포기했어도 민법 제267조에 의해 자식들이 어머니의 지분을 취득한 것으로 보아 상속세를 부과한 것이다.

그러나 서초세무서의 이러한 주장은 법리를 오해한 것이다. 자식들이 상속포기를 함으로써 민법 제1042조에 따라 상속이 개시된 때로부터 상속인이 아닌 것으로 되고, 민법 제1058조에 따르면 상속인을 찾을 수 없어 상속인이 없는 경우로 판명되면 상속재산은 국가로 귀속돼 자식들이 지분을 취득하지 못하게 된다. 이 사건에서 자식들은 상속인이 아니며, 상속재산을 귀속받지도 못했음에도 상속세를 부과받은 것은 명백히 잘못된 처분이다. 이에 감사원은 서초세무서의 상속세 부과를 담당 공무원의 실적을 위한 무리한 과세로 판단해, 감사까지 진행할 방안을 검토하고 있다.

상속세 부과처분에 이의를 제기할 수 있는 방법은 여러 가지가 있다.

과세 전에는 해당 세무서에 과세 전 적부심사 청구를 할 수 있고, 과세 후에는 상급 과세관청에 심사청구 및 이의신청, 조세 심판원에 심판청구를 할 수 있다. 이 외에도 감사원법에 따라 감사원에 심사청구를 제기하는 방법이 있다. 감사원법 제43조에 따르면, 모든 국민은 행정기관 등의 위법 또는 부당한 행위로 인해 권리나 이익이 침해되었을 때 감사원에 심사청구를 할 수 있다. 이러한 행정심판 절차는 행위가 있음을 안 날로부터 90일, 행위가 있은 날부터 180일 이내에 청구해야 한다.

감사원에 대한 감사청구는 국세청이 아닌 다른 기관에 부과처분 취소를 요구할 수 있는 것으로, 국세청의 과도한 과세를 타 기관을 통해 견제할 수 있는 장점이 있다. 세금을 납부한 이후에도 잘못된 부과로 판단되면 3년 이내에 과세관청에 경정청구를 할 수 있다. 만약 이러한 행정심판 청구가 받아들여지지 않으면 행정법원에 소송을 제기할 수 있다. 이처럼 과세관청이 무리한 상속세 부과를 했을 때 이를 법적으로 다투는 절차는 여러 기관을 거치면서 시간이 많이 소요되는 것이 사실이다. 세금을 내지 않으면 과세관청은 가산세를 부과하고, 압류 조치를 통해 강제 집행할 수도 있다. 이러한 과세관청의 강력한 권력에 대응하기 위해 납세자는 법적 대응을 해야 하고, 그 과정에서 조세전문가의 도움을 받아야 한다.

정당한 결론이 나오더라도 수년이 걸리는 일이 많아 납세자에게는 큰 고통의 시간이 될 수 있다. 이런 이유로 이번 사건에서는 감사원이 국세청의 무리한 과세를 감사하겠다는 것이다. 상속세는 과세금액이 크고, 법적으로 다툴 사안도 많아 납세자들에게 큰 부담이 될 수밖에 없다.

➡ 상속·증여세 법 요약

- **국세청에서 상속포기를 했는데도 상속세를 부과한 이유:** 민법 제267조에 따라 공유재산의 지분이 자동 승계된다고 판단.
- **상속포기와 상속세 부과 여부:** 법원에 상속포기가 인정되면 세금이 부과되지 않음.
- **감사원의 감사 결과:** 과도한 세금 부과로 감사원이 국세청을 감사하기로 결정.
- **세금 이의제기 방법:** 현 세무서 이의신청 → 조세심판원 심판청구 → 행정소송 가능.

➡ 주의사항

- 상속포기를 했더라도 공유재산의 지분 승계를 잘 확인해야 함.
- 억울한 세금이 부과되면 이의신청과 감사원 청구를 통해 다툴 수 있음.
- 상속포기 후에도 변호사나 세무사의 상담을 받아 법적 대응을 준비해야 함.

➡ 핵심교훈

세무서에서 적극적인 논리로 상속세 부과를 하는 경우에는 법률전문가와 상담하여 해결해야 함!

36

상속세 97억 냈는데,
96억 더 내라? 무서운 소급감정

서울 서초구 잠원동에 있는 토지 140평 위에 지상 건물 1동, 대지 250평을 2021년 5월 아버지로부터 상속받은 김상속 씨는 같은 해 11월, 보충적 평가방법을 적용해 해당 부동산 가액을 141억 원으로 평가한 후 다른 상속재산과 함께 총 97억 원의 상속세를 납부했다. 그런데 서울지방국세청장은 상속세 조사 과정에서 해당 부동산의 신고된 시가가 실제 시세와 지나치게 동떨어져 있다고 판단하고, 두 개의 감정기관에 상속일을 기준으로 감정평가를 의뢰했다. 김상속 씨 역시 본인이 선정한 두 개의 감정기관에 감정을 맡겼다. 결과적으로 네 개의 감정기관이 평가한 금액은 모두 김상속 씨가 신고한 141억 원의 2.2배를 초과하는 금액으로 나왔다.

서울지방국세청 평가심의위원회는 네 개의 감정기관이 산출한 금액을 평균해 부동산 시가를 332억 원으로 평가했다. 이로 인해 김상속 씨는 2022년 10월, 96억 원의 추가 상속세를 부과받아 결국 193억 원의 상속세를 내게 되었다. 김상속 씨는 이에 소송을 제기했으나, 법원은 국세청의 소급감정이 적법하다고 판단했다.

상속재산 평가는 상속·증여세 법 제60조 제1항에 따라 시가주의를 원칙으로 하지만, 정확한 시가를 산정하기 어려운 경우가 많아 납세자와 과세관청 간 대립이 발생할 수밖에 없다. 상속·증여세 법은 시가로 간주할 수 있는 경우를 예시하고 있으며, 매매, 수용, 경매, 공매, 감정 등이 포함된다. 매매, 수용, 경매, 공매는 모두 실제 거래를 기반으로 하지만, 감정평가는 실제 거래 없이 전문가가 추정가격을 산정하는 방식이기 때문에 납세자가 이를 받아들이기 어려운 경우가 많다.

과거에는 꼬마빌딩, 나대지, 농지 등을 기준시가로 신고해 상속·증여세를 절감하는 경우가 많았으나, 국세청은 2019년 2월부터 감정평가를 통해 실세 시가에 맞는 과세를 추진해 왔다. 이로 인해 상속 및 증여 시 소급감정이 문제가 되지만, 법원은 소급감정을 인정하는 입장이어서 납세자들의 불만이 계속되고 있다. 소급감정은 특정 시점으로 소급해 과거가액을 평가하는 방식으로, 국세청은 지난해 9월부터 납세자의 모든 부동산에 대해 소급감정을 시행할 수 있게 되었다. 상속·증여 신고재산에 대해 감정평가를 확대하며, 과세관청의 적극적인 과세 방침이 논란을 낳고 있다.

납세자 입장에서는 이러한 상황에 대비해 기준시가 10억 원 이하의 경우에는 1개 감정기관의 평가로 신고하고, 10억 원 이상인 경우에는 2개 감정기관의 평가 결과를 준비해야 한다. 감정평가 수수료는 필요경비로 최대 500만 원까지 공제받을 수 있다. 이와 같이 사전 준비를 통해 예기치 못한 추가 과세를 방지하는 것이 중요하다.

이번 사건에서는 기준시가로 신고한 부동산 가액이 실제 시세보다 낮았던 점을 국세청이 문제 삼아 감정평가를 진행했다. 이는 조세 정의와 부합하지만, 납세자들이 소급감정에 대해 느끼는 불만과 과세표준 및 세율이 오랜 기간 변화하지 않은 점도 고려해 형평성을 개선할 필요가 있다.

⤷ 상속·증여세 법 요약

- **소급감정이란?:** 국세청이 상속·증여세 신고 후에도 과거 시점으로 감정평가를 다시 진행하여 추가 과세하는 방식.
- **문제 사례:** 141억 원으로 신고한 부동산을 국세청이 재평가하여 332억 원으로 결정, 추가 상속세 96억 원 부과.
- **국세청의 감정평가 강화:** 2019년 이후 감정평가를 적극 활용하여 신고가액과 차이가 클 경우 소급감정 시행
- **소송 결과:** 법원이 국세청의 감정평가를 인정하여 추가 세금 부과 정당화.

⤷ 주의사항

- 부동산 상속세 신고 시 감정평가를 사전에 진행해 국세청의 소급감정을 방지할 것.
- 감정평가를 여러 기관에서 받아 정확한 가치를 확인할 것.
- 감정평가 수수료는 500만 원까지 필요경비로 공제 가능.

⤷ 핵심교훈

부동산 상속세 신고 시 국세청의 소급감정에 대비해 정확한 감정평가를 받아두어야 함!

37

돌아가신 부모님
10년치 통장내역 확인 '필수'

상속세를 내는 사람들이 급격히 증가하고 있다. 예전에는 상속세를 신고하지 않아도 큰 걱정을 하지 않았던 사람들이 지금은 상속세 문제로 고민하는 일이 많아졌다. 특히 서울에 아파트 한 채만 있어도 상속세를 고민해야 하는 상황이 되었기에, 상속세를 제대로 이해하고 준비할 필요성이 더욱 커졌다.

부모의 큰 재산뿐만 아니라 사용하던 통장도 상속세 신고 전에 꼼꼼히 확인해야 한다. 국세청은 돌아가신 분의 통장을 최소 10년 전 기록까지 들여다볼 수 있기 때문이다. 상속·증여세 법은 사망일로부터 10년 이내에 상속인에게 사전 증여된 재산도 과세 대상에 포함시키고 있다. 따라서 국세청은 10년 동안 피상속인이 얼마나 증여를 했는지 확인할 수밖에 없고, 그 증거가 통장내역에 남아 있는 경우가 많다.

국세청은 피상속인의 계좌를 전부 조회하고, 세무조사 시 통장내역에 나타난 작은 금액도 상속인이 증여가 아님을 입증하지 못하면 증여세를 부과한다. 실제로 10년 치 통장내역에서 상속인이 받은 금액의 출처를 명확히 밝히지 못해 증여세와 가산세를 내는 경우도 많다. 이 때문에 상속세 신고를 준비할 때 피상속인의 통장내역 확인은 필수적이다.

통장내역을 살펴보면 상속인 간에 이전에 얼마나 통장으로 사전증여를 받았는지 알게 되고, 상속재산 분할 시 이를 반영하는 경우도 있다. 우선 안심상속 원스톱 서비스를 통해 피상속인의 금융기관 채권·채무 내역을 파악한 뒤, 거래 은행에 10년 치 통장내역을 신청해 확보해야 한다. 통장내역에서 증여로 판단될 만한 금액은 관련 소명 자료를 준비해야 한다. 생활비나 교육비와 같은 지출은 관련 증빙 서류가 필요하다. 몇십만 원 내외의 소액은 제외될 수 있으나, 그 이상의 금액이 증여로 인정되면 증여세와 가산세를 부담해야 한다. 또한, 해당 금액이 상속재산 가액에 포함되어 상속세 부담도 증가할 수 있다.

피상속인이 사망 전에 재산을 처분하거나 예금을 인출한 경우에는 해당 금액의 사용 내역이 규명돼야 한다. 상속개시일 전 1년 이내 2억 원 이상, 2년 이내 5억 원 이상 처분한 재산은 사용내역을 명확히 밝혀야 하며, 이를 위해 납세자가 증빙 자료를 준비해야 한다. 증빙 자료가 부족하면 국세청은 상속인이 증여받은 것으로 보고 과세할 수 있다. 그러나 현실적으로 상속인이 피상속인의 통장 사용처를 정확히 아는 경우는 드물다. 이를 감안하여 세법에서는 일정 금액 이하(금액의 20% 또는 2억 원 중 적은 금액)일 경우 정상적인 사용으로 간주하여 상속재산으로 추정하지 않는다. 상속인은 이러한 기준에 부합하는지 확인하고, 필요한 증빙 자료를 준비해야 한다.

특히 독립하지 않은 소득 없는 자녀가 생활비나 용돈으로 받은 돈은 일반적으로 증여로 보지 않는다. 하지만 일정 금액을 초과해 이체되면 세무서에서 증여로 판단할 가능성이 높다. 이 때문에 평소에 통장 이체를 통해 부모와 자식 간 금전거래를 자제하고, 증여세를 미리 신고해 기록을 남겨놓는 것이 상속세 세무조사에 대비하는 가장 좋은 방법이다. 상속인 입장에서 상속 또는 증여로 받은 재산은 도움이 될 수 있지만, 추후에 검증과 세무조사가 진행될 수 있음을 명심하고 사전에 준비하는 것이 중요하다. 평소에 꼼꼼히 자료를 정리해 두면 상속세 신고 시 부담을 줄일 수 있을 것이다.

➡ 상속·증여세 법 요약

- **국세청의 10년간 통장 추적:** 피상속인의 통장 거래내역을 사망 전 10년까지 조사하여 사전증여를 파악하여 상속세 과세 가능.
- **사전증여 포함 여부:** 10년 내 증여가 있었다면 상속세 과세 대상.
- **미신고 시 가산세 부과:** 증여가 밝혀지면 추가 세금 및 가산세 부과 가능.
- **사망 전 2년 내 재산 처분:** 5억 원 이상 처분 시 근거 입증 부담.
- **사망 전 1년 내 재산 처분:** 2억 원 이상 처분 시 근거 입증 부담.

➡ 주의사항

- 부모님이 생전에 자녀에게 준 금액이 있는지 확인 후 상속세 신고 시 반영할 것.
- 상속세 신고 전에 금융거래 내역을 철저히 검토해야 함. 자료 증빙을 준비할 필요.
- 미신고 시 가산세가 부과될 수 있으므로 세무사 상담 필수.

➡ 핵심교훈

상속세 신고 전에 부모님의 통장내역을 반드시 확인하고, 사전증여 여부를 전문가와 같이 철저히 검토해야 함!

38

갑작스러운 수억 원의
상속세 부담, 어떻게 내나요?

　오랫동안 건물 임대업으로 생활하던 김영수 씨가 갑작스럽게 사망하며 상속재산으로 토지와 건물을 남겼다. 그 부동산의 가치는 시가로 50억 원인데, 이를 물려받은 상속인들은 당장 상속세를 낼 여력이 없었다. 상속 전문변호사에게 문의한 결과, 상속 공제 10억 원을 받더라도 상속세가 15억 4,000만 원 정도 나온다고 한다. 상속인들은 갑작스런 큰돈을 마련할 준비가 되어 있지 않은 상태에서, 만약 상속인들 간에 분쟁까지 생긴다면 상속세를 어떻게 납부해야 할까?

　상속세는 납부 의무가 있는 상속인이나 수유자가 상속개시일이 속하는 달의 말일부터 6개월 이내에 관할 세무서장에게 신고해야 한다. 상속인이 외국에 있는 경우에는 9개월까지 유예될 수 있지만, 상속인 중 한 명이라도 국내에 있으면 6개월 내에 신고해야 한다. 상속세는 신고와 동시에 납부해야 하는데, 보통 현금을 수억 원씩 가지고 있는 사람은 드물다. 상속세는 원칙적으로 기한 내에 현금으로 납부해야 하므로, 부동산이나 주식을 상속받는 경우 이를 환가하려면 시간과 비용이 필요해 쉽게 납부하기 어렵다. 게다가 이러한 재산을 싸게 매도하기도 어렵고, 상속분쟁이 있다면 처분조차 못해 상속세를 납부하지 못하는 경우가 생기곤 한다.

상속세 납부를 유예할 수 있는 방법은 세 가지가 있다.

첫째, 분납제도이다. 분납제도는 납부금액이 1,000만 원을 초과하는 경우 2개월 이내에 분할 납부할 수 있는 제도이다. 하지만 실제로는 2개월만 유예되는 것이어서 잘 사용되지 않는다.

둘째, 연부연납제도입니다. 거액의 상속세를 일시에 납부할 수 없는 경우, 10년간 나누어 낼 수 있도록 한 제도이다. 상속인의 납부 여력을 따지지 않고 요건이 되는 경우 허가가 가능하다. 연부연납 허가 요건은 납세 담보 제공, 법정기한 내 신청 등이 있으며, 현재 연부연납 이자율은 연 3.5%이다. 김영수 씨의 상속인들이 연부연납을 신청하면 처음 신고 시 1억 4,000만 원을 납부하고 이후 10년간 매년 1억 4,000만 원과 지연 이자를 포함한 금액을 납부해야 한다.

셋째, 물납제도이다. 상속세를 현금이 아닌 부동산이나 유가증권으로 납부할 수 있는 제도로, 상속받은 부동산과 유가증권이 전체 상속재산의 50% 이상일 경우 가능하며, 상속세액이 2,000만 원을 초과해야 한다. 관할 세무서장이 허가를 해야 하며, 관리·처분이 적당하지 않은 재산은 허가되지 않을 수 있다. 물납신청은 상속세 신고기한 내에 해야 하며, 부동산이나 유가증권의 시가 평가에 따라 납부액이 결정된다.

이렇듯 갑자기 발생한 상속세 부담을 줄이려면, 미리 상속세 납부를 준비하는 것이 좋다. 생명보험의 경우 수익자를 상속인으로 지정해 상속인이 상속세를 낼 현금을 마련할 수 있다. 부동산을 미리 증여해 발생한 수익으로 상속세를 낼 수도 있다. 이러한 준비가 되어 있지 않다면, 위의 세 가지 방법 중 하나를 선택해 분할납부를 고려해 볼 수 있다.

➡ 상속·증여세 법 요약
- **상속·증여세 납부 기한:** 사망 후 그달의 말일부터 6개월(해외 거주자는 9개월).
- **상속·증여세 분납 가능:** 연부연납(최대 10년) 또는 분납(최대 2개월).
- **물납 가능:** 상속세를 현금이 아닌 부동산으로 납부 가능하지만, 일정 요건 충족하고 세무서의 허가를 받아야 함.
- **생명보험 활용:** 사망보험금을 통해 상속세 납부 자금 확보 가능.

➡ 주의사항
- 연부연납 신청 기한을 놓치면 일시 납부해야 함.
- 물납 신청 시 국세청의 허가 필요.
- 상속세 납부 자금 마련을 위해 생전부터 대비할 것.

➡ 핵심교훈
상속세 납부 부담이 클 경우 연부연납, 물납, 생명보험 등을 활용하여 미리 대비해야 함!

39

미국 사는데 서울 아파트를 상속받는다면?

한국에서 거주하다가 공부하기 위해 미국에 간 한강 씨는 미국에서 결혼도 하고 아이를 낳으며 미국 시민권을 취득했다. 평소 한국에 계신 아버지를 자주 뵙지 못했는데, 아버지가 갑자기 돌아가시면서 상속재산으로 서울 아파트 한 채를 남긴 사실을 알게 됐다. 한 씨는 아버지의 유일한 상속인인데, 서울 아파트 가격도 비싸서 상속세를 한국과 미국에 어떻게 내야 할지 고민이다. 또한, 한 씨는 미국 시민권자이므로 한국에 거주하지 않으므로 상속세를 어떻게 신고·납부해야 하는지 궁금했다.

세법에는 '거주자'라는 개념이 있다. 거주자는 세법에서 '국내에 주소를 두거나 1년 이상의 거소를 둔 개인'을 의미하는데, 여기서 '국내에 주소를 둔 자'에 해당하는지 여부를 판단함에 있어서는 주민등록 등 공부상 기재가 아닌, 국내에서 생계를 같이 하는 가족 및 국내에 소재하는 자산의 유무 등 생활관계의 객관적 사실에 따라 판정해야 한다고 돼 있다.(대법 2017. 10. 12. 선고 2017두50928 판결) 비거주자는 거주자가 아닌 사람을 말한다.

우리나라 상속·증여세 법은 피상속인이 거주자인지 비거주자인지에 따라 과세 대상이 달라지고 공제금액도 상당한 차이가 있다. 생활관계의 객관적 사실이라 함은, 예를 들어 국내에서 183일 이상 근무하는 직업이 있다든지, 국내에 생계를 같이하는 가족이 있다든지, 자산 상태를 고려할 때 183일 이상 국내에 거주할 것으로 예상되는 주소가 있는 것을 말한다.

구체적으로 직업, 주민등록 여부, 출입국 기록, 운전면허, 휴대폰 보유, 국내 신용카드 사용, 송금기록, 병원 진료기록, 사업자 등록, 재산세나 종부세 납부 여부 등으로 주소 여부를 종합적으로 판단한다. 이런 것들을 통해 국내에 주소나 거소를 뒀다고 볼 수 없는 경우는 비거주자로 취급받는다.

상속·증여세 법은 피상속인이나 상속인이 거주자인지에 따라 과세 대상 재산과 세금 정도가 달라지므로 이에 대해 잘 알고 있어야 한다. 피상속인이 거주자라면 국내외 재산에 대해 상속세가 부과되고, 비거주자라면 국내 재산에만 과세가 된다. 피상속인이 거주자인 경우 국내 상속재산에 대해 일괄공제, 배우자 공제 등을 통해 10억원까지 공제가 가능하나, 비거주자라면 국내 상속재산에 대한 상속세 기초공제인 2억 원만 공제된다.

그러므로 한 씨는 아버지에게 물려받은 한국 재산인 아파트에 대해 한국 세무서에 상속세를 신고해야 한다. 더불어 미국인이기 때문에 미국 세법이 정한 상속세 신고절차도 이행할 필요가 있다. 미국은 미국 시민권자인 경우 해외 상속재산에 대해 상속세 과세 대상이나, 통합세액공제라고 해서 평생 1200만 달러 상당의 금액을 공제받을 수 있다. 현재 환율(1달러당 1365원)로 계산하면 163억 원 정도의 상속재산까지는 상속세를 내지 않는다. 서울 아파트 중에 이러한 가격의 아파트는 없으므로 한 씨는 미국에서는 상속세를 내지 않아도 된다. 이러한 것을 보면 미국의 상속공제액인 163억 원(1200만 달러)과 한국의 상속공제액인 5억 원은 매우 큰 차이가 있음을 알 수 있다. 한국은 역시 상속세 최고세율 국가답다.

한 씨는 거주자인 아버지의 사망 후에 한국에서 9개월 내에 상속세를 신고해야 하고 상속세를 내야 하지만, 미국에서는 통합세액공제를 이용하면 상속세를 내지 않아도 된다. 미국에 상속세를 안 내니 한국에서 낸 상속세에 대해 세액공제를 받을 수 없다. 한 씨의 아버지가 비거주자인 경우라도 서울에 아파트가 있다고 하면 기초공제 2억 원을 인정받고 한국에 상속세를 신고·납부해야 한다. 미국 상속·증여세 법도 미국과 해외에 있는 모든 상속재산을 과세 대상으로 하나, 한국에서 상속세를 냈다고 하면 그 금액 상당을 공제해 준다. 다만 앞서 말했듯이 상속재산가액이 1200만 달러 상당이 되지 않으면 세금은 없다.

상속법이나 상속세 상담을 하다 보면 상속인 중 한 명 정도가 해외에 있는 경우가 많다. 해외 거주자들이 한국에서 상속재산 분할심판, 유류분 청구, 상속포기나 한정승인을 하려고 하면 한국에 꼭 와서 재판해야 하는 것으로 생각하는데, 실제 재판하더라도 해외 거주자인 상속인이 한국에 올 필요는 없다. 필자의 경우 인터넷이나 SNS로 언제든지 소통하면서 상속 상담과 소송을 진행하고 있다. 한국법에 익숙하지 않고, 상속법이나 상속·증여세 신고 절차를 잘 모르는 해외 거주 상속인들도 이제는 멀다고 자신의 권리를 포기하기보다는 전문가들을 통해서 자신들의 권리를 찾거나, 제대로 법 절차를 준수해 불이익을 입지 않는 것을 권한다.

➡ 상속·증여세법 요약
- **피상속인이 한국 거주자일 경우:** 국내외 재산 모두 상속·증여세 부과.
- **피상속인이 비거주자일 경우:** 국내 재산에 대해서만 상속·증여세 부과.
- **미국 시민권자의 경우:** 한국에서 상속세 신고 후, 미국에서도 세금 신고 필요.
- **이중과세 방지:** 미국은 상속세 공제(2024년 기준 약 1200만 달러 한도) 덕분에 대부분 추가 세금 없음.

➡ 주의사항
- 미국 시민권자는 미국에서도 상속 신고 필요하지만, 한국 세금이 크면 이중과세 방지 조약 적용 가능.
- 한국 내 상속세 신고 기한은 사망 후 그달의 말일부터 9개월(거주자는 6개월).
- 세무 전문가를 통해 미국과 한국 세무 절차를 모두 점검해야 함.

➡ 핵심교훈
해외 거주자의 경우 한국과 미국의 상속세 신고 절차를 확인하고 이중과세 조약을 활용해야 함!

40

상속재산 많지 않다면
홈택스 셀프신고가 낫다

상속세로 부담할 금액이 크지 않거나 상속세를 내지 않는 10억 원 이하의 상속재산이 있는 경우에는 세무사에게 위탁하지 않고 직접 상속세 신고를 하는 편이 낫다. 상속세 신고는 상속인이나 수유자(재산을 물려받을 것으로 유언에 지정돼 있는 사람)가 피상속인 사망 이후에 상속재산을 정리해 세무서에 보고하는 것이다.

상속인이나 피상속인이 거주자(국내에 주소를 두거나 국내에 183일 이상 거소를 둔 개인)인 경우에는 상속개시가 있는 날이 있는 달로부터 6개월, 피상속인이나 상속인 전원이 비거주자인 경우에는 9개월까지 상속세를 신고·납부해야 한다. 상속재산은 있는데 신고·납부할 금액이 없다고 하더라도 '상속세 납부액이 없다'고 신고하는 것이 좋다. 다만 상속재산이 전혀 없거나 채무만 있어 신고할 내용도 없는 경우에는 상속세 신고를 하지 않아도 된다. 상속세 신고 시 상속재산의 파악은 정부24 사이트나 주민센터를 통해 안심상속 원스톱 서비스를 이용하면 된다. 그러면 쉽게 피상속인의 금융채권, 채무, 연금, 국세, 지방세, 토지, 건축물, 자동차 등을 파악할 수 있다.

홈택스를 이용해 상속세를 셀프신고하는 방법에 대해 알아보자.

상속인이 여러 명인 경우에는 상속인들 모두의 위임장과 신분증 사본이 필요하다. 위임장에는 상속인의 이름, 주소, 주민등록번호, 인감도장이 날인돼 있어야 한다. 신분증은 주민등록증, 여권, 운전면허증이 가능하고 그 사본을 준비하면 된다.

피상속인의 재산에 대한 금액 증빙 자료로 은행계좌, 주식계좌, 보험료 입금계좌, 퇴직금 정산계좌, 토지대장, 건축물 대장 등이 있고, 공과금 대신 납부에 대한 영수증 증빙 자료로 휴대폰, 인터넷, 건강보험, 재산세 등이 있으며, 장례비(500만 원 한도)나 묘지, 비석 구입비 영수증이 필요하다. 국세청 홈택스의 세금신고에 들어가서 세금신고 → 상속세신고 → 일반신고로 들어가면 된다. 그리고 정기 신고인지 기한 후 신고인지 구분이 있는데 처음 6개월 내에 신고하는 것이라면 정기신고를 선택하면 된다.

상속신고에서는 상속신고를 위한 기본 정보를 입력해야 한다. 상속개시일자는 피상속인의 사망일이다. 피상속인의 정보는 주민등록번호를 입력하면 바로 정보가 형성된다. 신고인이자 대표상속인은 자신의 이름과 전화번호를 반드시 기재해야 한다. 그리고 상속인과 수유자의 정보를 각각 기재해야 한다. 이때 상속받은 모든 사람을 기재해야 한다. 상속포기한 사람이 있다면 상속인이 아니기 때문에 기재하지 않아도 된다. 이에 대

상속 · 증여 솔루션

한 자료도 준비해야 할 것이다.

상속인을 기재한 후에는 상속재산을 정리해 입력해야 한다. 상속재산의 구분은 일반상속재산, 추정상속재산, 간주상속재산으로 구분된다. 일반상속재산은 피상속인이 가진 모든 재산을 말하며 금전으로 환산할 수 있는 경제적 가치가 있는 재산을 말한다. 간주상속재산은 상속과 유사한 경제적 이익이 있는 퇴직금, 보험금, 신탁재산을 말한다. 추정상속재산은 사망 이전에 재산을 처분해 받은 금액이나 부담한 채무를 합친 금액이 상속개시일 전 1년 이내에 2억 원 이상인 경우를 말한다.

10억 원 이하의 상속재산인 경우에는 상속세 과세가액에 입력할 내용이 대부분 없거나 기재가 필요하지 않은 경우가 많다. 상속인별 상속현황에는 상속재산합의가 있는 경우에는 합의한 대로, 합의가 되지 않아 법정지분대로 하는 경우에 그 법정지분을 입력한다. 채무, 공과금, 장례비 등도 상속세를 내지 않는 범위 내라면 생략해도 되고, 대략의 금액을 적어도 된다. 배우자 상속공제와 금융상속공제는 그 범위를 기재해 주거나 관련된 자료를 모두 입력해 줘야 한다.

이러한 것들 다 입력하면 기본적 신고절차를 마친 것이고, 이와 관련된 신고 부속 서류를 첨부해 제출해야 한다. 기본 준비 서류는 상속인의 주민등록등본, 제적등본, 피상속인의 가족관계증명원, 사망진단서이다. 피상속인의 현금이나 예금은 금융기관 통장 입출금 내역이나 통장사본, 보험금은 보험금 수령내역서, 주식은 주식보유 내역 및 최근 거래내역(상속개시일 전 3개 사업연도 법인세 세무조정 계산서 및 결산서 포함), 채권 등은 채권, 펀드, 파생상품 보유내역 및 거래내역, 차량운반구는 차량등록원부, 부동산은 등기부등본, 토지대장, 건축물관리대장, 임대용건물인 경우에는 전세계약서나 임대차계약서 등의 자료가 필요하다. 부동산이나 차량의 경우에는 평가액을 증명할 수 있는 자료가 필요하다. 채무가 있는 경우에는 소비대차계약, 연대채무, 보증채무와 관련한 서류 등을 제출해야 한다. 상속재산 분할합의가 있는 경우에는 합의서가 필요하다.

세무사가 필요 없을 정도여서 홈택스로 가능한 상속세 신고는 신고 부속 서류도 많이 필요하지 않다. 그러나 어느 정도 상속세를 부담할 상황이 예상된다면 반드시 세무사를 통해 상속세 신고를 하는 것을 권한다. 상속세 절세에 대한 아이디어가 있는 경험 많은 세무사나 변호사를 이용하는 것이 들어가는 비용보다 이익이 더 클 것이기 때문이다.

⊡ 상속·증여세 법 요약

- **신고 기한:** 피상속인 사망 후 그달이 속한 날로부터 6개월 이내 신고납부 필수.
- **홈택스를 통한 신고 가능:** 국세청 홈택스에서 상속세 전자 신고 가능.
- **필요 서류:** 가족관계증명서, 재산 목록, 금융자산 내역, 부동산 평가 자료 등.
- **10억 원 이하의 상속:** 전문가 도움 없이 직접 신고 가능하지만, 10억 원 초과 시 세무사 상담 권장.

⊡ 주의사항

- 홈택스로 직접 신고 시 실수로 인해 가산세가 부과될 수 있음.
- 상속재산 분할 및 공제내역을 정확히 입력해야 함.
- 세무 전문가의 검토를 거치는 것이 안전함.

⊡ 핵심교훈

10억 원 이하의 상속세는 홈택스로 직접 신고 가능하지만, 실수로 인한 세금부담을 피하려면 전문가의 검토가 필요함!

30억 넘게 상속?
5년간 세무조사 대비해야

서울 서초구 반포동에 살고 있는 김세무 씨는 아버지가 돌아가신 후에 상속세 신고를 했는데 서초세무서로부터 '세무조사 사전통지'라는 서류를 받았다. 그는 평소 잘 알고 있는 양경성 세무사를 세무대리인으로 선임해 모든 것을 위임했는데 세무조사까지 나오게 돼 매우 당황했다.

세무서가 제출된 상속세 신고 서류에 대해 검토할 것이 있다고 하여 세무조사를 개시한 것이다. 김세무 씨는 상속세 세무조사는 어떻게 이뤄지고, 이에 대해 법적으로 다투려고 할 때는 어떻게 해야 하는지 궁금했다.

상속세나 증여세는 납세의무자가 신고한 것으로 끝나는 것이 아니라 국세청이 자료를 검토한 후에 과세를 하는 방식으로 처리된다. 상속세의 경우에는 피상속인이나 상속인의 10년간의 금융자료나 부동산 취득에 대해 검증을 한다. 또한 상속인이 신고한 서류가 타당한지 여부에 대해 검토하고, 신고하지 않은 부분에 대해서는 직권으로 조사를 한다.

상속인은 상속이 개시된 후 6개월 이내에 상속세 신고를 마치고 납부해야 하고, 그렇지 않으면 신고불성실 가산세를 내야 하므로 상속이 개시되면 바로 상속세 신고 준비를 해야 한다. 상속세는 세무조사를 받을 가능성이 다른 세금보다 높기 때문에 처음부터 전문적인 세무사나 변호사를 통해 준비하는 것이 좋다.

상속재산이 30억 원에서 50억 원을 초과하는 경우에는 관할 지방국세청 조사국에서 세무조사를 한다. 조사기간은 통상 4개월에서 길면 1년, 또는 2년까지 걸리는 경우도 많다. 상속재산 규모가 크면 그 이상 조사받을 수도 있다. 그러나 조사내용이 많지 않으면 3개월 안에 서면 조사로도 가능하다.

국세청은 위와 같이 상속재산이 많은 경우에는 상속개시일 전 10년 이내의 금융기관과 거래내역을 조사한다. 반대로 30억 원 이하의 상속재산이 있는 경우에는 일선 세무서에서 세무조사를 한다. 조사기간은 지방국세청에서 하는 것보다는 짧은 2개월 정도 소요된다. 금융기관 자료조회도 상속개시일 전 2년 이내의 거래분만 조회한다. 이와 같이 상속재산의 규모에 따라 조사기관과 조사범위가 달라지므로 상속재산이 많은 경우에는 더 많은 준비가 필요하다.

세무조사에서 주로 다뤄지는 것은 결국 상속재산의 범위와 가액을 확정하는 문제다. 우선 신고하는 부동산의 시가를 얼마로 평가하는지 다툼이 될 수 있다. 공동주택의 경우에는 거래사례가 있으므로 시가 산정이 쉽지만 빌딩, 단독주택, 토지 등의 경우에는 시가가 존재하지 않는 경우가 많다.

빌딩의 경우에는 임대료 등 환산가액이나 기준시가로 평가하는 것이 원칙이지만 최근에는 부동산의 기준시가가 20억 원을 초과하는 경우 과세관청이 새로이 감정평가를 하여 시가로 평가 후 과세할 수 있다.

다음으로 상속개시 전 10년간 사전증여한 재산(상속인이 아닌 자는 5년 내)을 모두 합해 신고해야 한다. 사전증여한 재산이 있는지는 관할세무서를 통해서 확인할 수 있고, 피상속인의 통장내역을 확인할 수도 있다.

그리고 상속개시일 2년 전에 통장에서 출금한 내역이 있다면 그 사용처를 소명해야 하고, 불분명한 경우에는 상속재산에 포함될 수 있다. 배우자 상속공제는 실제 상속받은 금액을 한도로 공제가 허용되는 바, 배우자 상속재산 분할기한 내에 상속재산을 분할하고 이 기간 내 등기나 명의개서를 해야 하는 조건을 모두 이행한 후 신고해야 한다.

이러한 상속세 신고를 제대로 준비하지 못해 늦게 신고하거나 납부하면 신고불성실 가산세(10~40%)나 납부지연 가산세(미납기간에 따라 일일 2.2/10,000)를 납부해야 한다. 그러나 예외적으로 신고한 재산에 대한 평가가액의 적용방법의 차이나 보충적 평가방법으로 신고된 상속재산이 감정평가액으로 경정된 경우에는 가산세가 부과되지 않는다.

상속세 부과 이후에 이를 다투기 위해서는 세무조사 결과통지 또는 과세예고 통지 후 바로 과세 전 적부심사를 청구할 필요가 있다. 이를 받아들이지 않는 경우에는 이의신청, 심사청구, 심판청구, 감사원 심사청구 등의 방식으로 상속세 과세에 대하여 다툴 수 있다.

상속재산가액이 30억 원을 초과하는 경우에는 국세청은 상속인별로 상속개시 당시의 재산현황과 상속개시 후 5년이 되는 시점의 재산현황을 파악해 비교·분석하고 있다. 이러한 분석결과에 따라 국세청은 재산 증가의 이유가 객관적으로 명백하지 않거나 당초 결정한 상속세액에 누락이나 오류가 있는지를 확인하기 위하여 세무조사할 수 있다. 그러므로 30억 원 상속을 받은 경우에는 5년이 지날 때까지 세무조사가 또 나올 수 있다는 것을 명심하자.

➡ 상속·증여세 법 요약

- **30억 원 이상 상속 시:** 국세청에서 5년간 자산 변동 감시.
- **고액 상속자는 세무조사 대상 가능성 높음:** 상속재산 50억 원 초과 시 더욱 엄격한 조사.
- **세무조사 주요 항목:** 사전증여 내역, 금융자산 변동, 감정평가 조작 여부.
- **사전 대비 필요:** 전문가 상담 및 정확한 신고 필수.

➡ 주의사항

- 30억 원 이상 상속자는 세무조사 가능성이 높으므로 대비 필요.
- 상속세 신고 후 5년간 자산 변동을 감시당할 수 있음.
- 감정평가를 정확히 하고 금융 거래내역을 투명하게 관리해야 함.

➡ 핵심교훈

30억 원 이상 상속자는 5년간 세무조사 가능성이 높으므로, 철저한 대비가 필요함!

42

상속인이 상속재산 분할협의 시
반드시 알아야 할 세금

부모님이 돌아가시고 나서 해야 할 일은 고인의 재산이 남아 있다면 상속재산 분할협의를 하고, 상속세 신고기한 내에 상속세 신고납부를 하는 것이다. 상속재산 분할협의는 상속인 모두가 참여하여 언제든지 할 수 있지만, 세금 문제를 방심하면 나중에 후회할 일이 생긴다. 상속재산이 어떤 것이고, 이를 어떻게 나눌지 정하는 것과 상속세 부담이 어느 정도일지는 상관관계가 있으니 상속재산 분할협의 시 상속세도 같이 따져보아야 한다. 상속인들은 가족 간이다 보니 협의가 잘될 것으로 생각하지만, 실제로는 협의가 잘되지 않는 경우가 많다. 상속인 모두가 원만히 합의하는 것이 가장 좋지만, 합의되지 않을 경우도 있으니 어떻게 하면 절세를 할 수 있는지 알아보자.

상속재산 분할협의의 방법은 크게 네 가지로 나눌 수 있다.

피상속인이 남긴 재산이 주택 하나와 상가 하나가 있고, 상속인은 배우자와 2명의 자식이 있다고 가정하자.

첫째 개별분할의 방법으로 주택은 배우자가, 상가는 자식 한 명이 가지는 것으로 분할하는 경우, 둘째 지분분할의 방법으로 주택과 상가의 지분을 법정상속분대로 3/7, 2/7, 2/7로 분할하는 경우, 셋째 가액분할 방법으로 상가의 경우에 한 명의 상속인이 갖고 다른 상속인에게 지분에 상당한 가액을 지급하여 분할하는 경우, 넷째로 현금분할 방법으로 상속재산을 모두 처분하여 현금을 지분대로 분할하는 방법이 있다.

어떤 분할방식이 가장 좋을지는 상속인들의 사정이나 상속재산의 현황에 따라 달라질 수 있다. 유의할 점은 개별분할이나 지분분할의 경우에는 상속세만 부담하면 되지만, 다른 상속인의 지분을 가액으로 보상하는 경우와 상속재산을 처분 후에 현금으로 분할하는 경우는 양도소득세 문제가 발생한다. 다만, 이때 양도소득세는 상속세 신고금액과 상속지분 대신에 받는 현금의 차이가 거의 나지 않으므로 세금은 크지 않다.

부친이 돌아가시고 주택이 남아 있어서 배우자와 자식들이 협의하여 주택을 배우자인 모친에게 상속하기로 합의하였다면 상속재산 분할협의가 상속개시 시에 이루어진 것으로 보기 때문에 배우자가 다른 상속인들에 대하여 증여세 문제는 생기지 않는다. 그러나 주택에 딸려 있는 채무가 있어서 그 채무에 대하여는 상속인들 간에 지분대로 상속받기 때문에 다른 상속인의 채무를 대신 변제해 주는 경우에는 증여세 문제가 생긴다.

예를 들어 아파트가 20억 원인데 근저당채무가 10억 원이고, 배우자가 그 10억 원의 채무를 모두 변제한다고 하면 2명의 자식은 자신의 지분만큼의 채무 10억 원*2/7를 면제받으므로 그만큼 증여세가 부과될 수 있다. 또한 배우자가 주택을 상속받을 때 주의할 점은 배우자 공제를 받기 위해서는 상속세 신고 전까지 상속재산 분할협의가 되고 등기까지 완료되어야 한다는 것이다. 만약 재산분할협의가 그때까지 되지 않은 경우에도 상속세 신고납부를 하되, 배우자 공제를 5억 원까지 하고 상속세를 납부한 후에 협의가 되면 수정신고를 통해서 상속세를 환급받으면 된다.

상속재산 분할협의 시 상속인들 간에 법정지분대로 등기를 했다가 나중에 상속재산 합의가 다시 이루어지고 등기하는 경우, 상속세 신고기한 내인 경우에는 증여세가 부과되지 않으나, 그 기한 후에는 기존보다 더 많은 지분을 갖게 되는 상속인에게 증여세가 부과된다. 그러므로 상속재산 분할협의는 여러 번 하는 것이 불이익하므로 한 번에 모두 협의를 마치는 것이 좋다. 상속세는 상속인이 10년까지 소급하여 사전증여받은 것을 상속재산가액에 포함시키지만, 유류분소송을 통하여 10년 이전에 증여받은 것을 반환받는 경우에는 그 반환받는 가액에 대하여는 상속세를 납부해야 한다. 유류분으로 반환해야 하는 상속인은 이전에 낸 증여세를 유류분 반환소송이 확정된 후 6개월 이내에 환급신청을 하면 증여세를 환급받을 수 있다.

피상속인의 상속재산을 처분해야 하는 경우 반드시 양도소득세를 고려해야 한다. 주택이나 농지 양도의 경우에는 비과세가 가능한 상속인에게 분할해 주는 것이 좋다. 만약 상속인 중에 무주택자가 있다면 그 상속인이 주택을 상속받고, 다른 상속인에게 지분 상당의 금액을 지급하는 것이다. 이렇게 특정 상속인에게 분할해 줄 사정이 되지 않는다거나, 비과세나 감면이 불가능한 재산은 공동으로 상속받고 처분하면 양도차익이 분산되어 양도소득세를 절감할 수 있다. 상속 후 6개월 이내에 처분하는 경우에도 양도소득세가 발생하지 않는다. 이때는 양도가액과 취득가액이 같아져서 양도소득세가 발생하지 않게 된다.

상속은 자주 일어나는 사건은 아니지만, 반드시 일어나는 사건이다. 그리고 사랑하고 추억을 공유하는 가족 사이에 발생하기 때문에 잘못 해결하면 가족이 해체될 수도 있다. 그래서 상속재산 분할협의는 가족 간의 충분한 협의나 의논 없이 진행하면 안 되고, 가능한 모두에게 합리적인 방안을 선택할 수 있도록 많이 소통해야 한다. 그것이 상속재산을 물려주는 고인의 진정한 뜻이라고 본다.

➡ 상속·증여세 법 요약

분할 방법별 세금 차이

- **개별 분할:** 각각 부동산이나 금융자산을 나누는 방식 → 양도세 없음.
- **지분 분할:** 상속인 공동명의로 소유 → 추후 매각 시 양도세 문제 발생 가능.
- **가액 분할:** 특정 상속인이 부동산을 받고 다른 상속인에게 현금 지급 → 증여세 발생 가능.
- **배우자 상속공제 활용:** 배우자에게 우선적으로 재산을 상속하면 최대 30억 원까지 공제 가능.
- **부동산 매각 시 양도세 고려:** 상속 후 6개월 이내 매각하면 취득세 절감 가능.

➡ 주의사항

- 상속재산을 나누는 방식에 따라 세금 부담이 달라질 수 있음.
- 배우자가 상속을 많이 받을수록 상속세 부담이 줄어들지만, 2차 상속 시 부담 증가 가능.

➡ 핵심교훈

증여는 상속세 절세에 효과적이지만, 시기와 금액을 적절히 조정하여 최적의 절세 전략을 수립해야 함!

5장

상속·증여세
똑똑하게 절세하기

43

억울한 상속세 물지 말자...
좋은 세무대리인 고르는 팁

부모가 돌아가신 후, 재산을 정리하고 나면 상속세 신고를 해야 할 상황이 생길 수 있다. 재산이 없거나 총 가액이 10억 원 이하라면 신고 의무가 없지만, 신고를 하는 것이 유리할 때도 있다. 상속세 신고는 피상속인의 사망 월의 말일부터 6개월 이내에 해야 하며, 피상속인의 주소지를 관할하는 세무서에 신고해야 한다.

상속세 신고는 직접 국세청 홈택스 사이트를 통해 진행할 수도 있지만, 세무대리인의 도움을 받는 것을 권장한다. 상속세 신고 과정은 방대한 자료 정리와 세법검토가 필요하며, 비전문가가 처리하기에는 너무 복잡하다. 전문가의 도움 없이 신고를 진행하는 것은 의학 지식 없이 수술을 집도하는 것만큼 위험할 수 있다. 세무대리인은 법적으로 세무업무를 대리할 자격이 있는 세무사나 변호사를 의미한다.

상속세 신고서 제출 시에는 여러 서류와 자료가 필요하다. 예를 들어, 상속세 과세표준 신고 및 자진납부 계산서, 상속세 과세가액 계산 명세서, 상속인별 상속재산 및 평가 명세서, 공과금·장례비용·상속공제 명세서, 배우자 상속공제 명세서, 그리고 상속개시 전 1~2년 내 재산처분 내역 및 사용처 소명 명세서 등을 제출해야 한다. 이러한 서류를 준비하고 작성하는 과정에서는 전문적인 세무지식과 법 절차에 대한 이해가 필수적이다.

세무대리인은 단순히 서류를 준비하는 것 외에도 다양한 업무를 수행한다. 예를 들어, 상속재산 평가방법을 결정하고, 감정평가를 받으며, 상속인을 위해 절세 가능한 재산 분할방법을 자문한다. 또한, 세무서의 상속세 세무조사에 대응하기 위해 필요한 자료를 준비하고 협상하는 과정에서도 세무대리인의 역할이 중요하다.

상속세 신고 시 중요한 점 중 하나는 상속인이 억울한 세금을 내지 않도록 철저히 준비하는 것이다. 상속개시 전 1~2년 동안의 재산처분, 현금인출, 채무 부담내역을 상속인이 증명해야 하며, 이를 제대로 준비하지 못하면 상속재산으로 간주돼 추가 세금을 납부해야 할 수 있다. 최근에는 고가의 부동산에 대한 소급감정도 증가하고 있으므로, 부동산 시가감정을 준비하는 것도 절세의 중요한 전략 중 하나이다.

또한, 상속세 신고 과정에서 세무조사가 진행될 가능성도 염두에 둬야 한다. 모든 상속세 신고가 세무조사로 이어지지는 않지만, 상속세는 정부가 부과하는 세목이기 때문에 세무서에서 세액을 확정하며 검증 절차를 거칠 수 있다. 이 과정은 상속인 스스로 감당하기 어려울 수 있으므로, 세무대리인의 도움이 필요하다. 세무대리인은 세무조사에 대비해 필요한 자료를 준비하고, 조사관의 요구에 효과적으로 대응할 수 있도록 돕는다.

그렇다면 어떤 세무대리인을 선택해야 할까? 상속세 신고 절차와 세무조사 대응에 경험이 많은 세무사를 고르는 것이 중요하다. 더불어, 민감한 법률적 이슈가 발생할 경우 전문변호사와 협력할 수 있는 세무사를 선택하면 더욱 유리하다. 상속등기 처리를 원활히 하기 위해 법무사의 도움을 받을 수 있는 세무사도 좋다. 상속재산 평가를 상속인에게 유리하게 진행할 수 있는 감정평가사와 협력하는 세무사라면 더할 나위 없다. 즉, 상속세 신고의 주요 업무를 담당하면서도 다양한 전문가와 협력할 수 있는 세무대리인을 찾는 것이 가장 현명하다.

세무사 비용은 종종 신고 수수료와 조사 수수료를 별도로 청구하기도 하지만, 전체 상속재산의 일정 비율로 계산하는 경우가 많다. 유능한 세무사는 상속세 신고 과정에서 발생할 수 있는 문제를 미리 예측하고, 필요한 보고서를 반복적으로 제공하며 의뢰인의 걱정을 덜어주는 서비스도 제공한다. 또한, 상속세 신고를 혼자 처리하지 않고 팀 단위로 협업하는 세무법인을 선택하는 것도 좋은 방법이다.

➡ 상속·증여세 법 요약
- **세무대리인의 역할:** 상속재산 평가, 세무 신고, 절세 전략 수립, 세무조사 대응.
- **필요 서류:** 가족관계증명서, 상속재산 목록, 금융자산 내역, 부동산 등기부등본 등
- **절세를 위해 고려할 사항:** 배우자 상속공제, 가업승계 공제, 장기보유 특별공제 활용 등 각종 공제제도를 이용하여 절세 가능.
- **세무조사 대응:** 잘못된 신고 시 가산세 부과 가능, 전문가 조력이 필수.

➡ 주의사항
- 경험이 많은 세무대리인을 선택해야 함.
- 상속·증여세 신고 후 세무조사 가능성이 있으므로 대비 필요.
- 변호사, 회계사, 세무사가 협업하는 전문가 그룹 활용 추천.

➡ 핵심교훈
상속세 신고는 전문성이 필요하므로 경험 많은 세무대리인을 선임해야 불필요한 세금을 줄일 수 있음!

44

사전증여로 상속세 줄이기,
항상 답은 아니다

상속세 절세 방안으로 흔히 제안되는 방법 중 하나는 상속개시 전에 사전증여를 하는 것이다. 상속세와 증여세는 기본적으로 무상으로 재산을 물려받는 데 따른 세금이라는 점에서 세율구조가 동일하다. 그러나 두 세금 간의 제도적 차이로 인해, 절세 전략은 상황에 따라 달라질 수 있다. 가령, 부동산 가격이 계속 오를 것이라 예상된다면 사전증여가 유리할 수 있지만, 반대로 가격이 떨어질 경우 사전증여는 불리할 수 있다. 따라서 절세를 위해 사전증여를 고려할 때는 다양한 요소를 충분히 검토해야 한다.

사전증여는 부동산을 분산시키는 데 유용할 수 있다. 부동산을 많이 보유한 경우 종합부동산세나 건강보험료 부담이 커질 수 있는데, 자녀에게 사전증여하면 이러한 부담을 줄일 수 있다. 또한 부동산 임대소득이 분산되면 낮은 세율이 적용돼 절세 효과를 볼 수 있다. 상속세는 유산세 방식으로 피상속인의 전체 재산에 대해 세율이 적용되지만, 증여세는 각각 증여받은 사람의 재산에 따라 세율이 적용되므로 사전증여를 통해 재산을 미리 나눠두면 상대적으로 낮은 세율이 적용될 수 있다.

상속세는 상속개시 전 10년 이내의 증여재산을 과세표준에 포함한다. 따라서 10년 이상 전에 증여한 재산은 상속세 과세표준에 포함되지 않는다. 이를 활용하면 10년 단위로 사전증여를 진행해 낮은 세율을 적용받을 수 있다. 예를 들어, 평균 수명이 80대 중반이라면 50대부터 10년 단위로 증여를 세 번 진행할 기회가 생긴다. 물론, 증여받은 금액은 아버지와 어머니로부터 각각 증여받은 금액을 합쳐서 계산해야 한다. 특히, 증여 시가액을 기준으로 과세되므로, 증여 후 부동산 가치가 상승하더라도 증여 당시의 가액이 과세기준이 되어 세금을 줄일 수 있는 점은 사전증여의 장점이다.

그러나 언제나 사전증여가 최선의 답은 아니다. 그 이유 중 하나는 상속공제제도 때문이다. 상속공제는 상속 개시 후 남겨진 재산을 기준으로 일정 금액을 공제해 주는 제도이다. 일괄공제로 기본 5억 원을 공제하며, 배우자 공제는 5억 원에서 최대 30억 원까지 적용된다. 상속공제는 상속 개시 시점의 상속재산에 따라 결정되므로, 사전에 재산을 모두 자녀에게 나눠 준 경우 상속공제 한도가 0원이 될 수 있다. 그 결과, 상속세가 오히려 더 많이 부과되는 상황이 발생할 수 있다. 따라서 상속공제제도를 이해하지 않고 진행한 과도한 사전증여는 절세 효과가 없거나 심지어 더 많은 세금을 낳을 수 있다.

일반적으로 상속재산이 최소 50억 원 이상이라면 사전증여는 절세에

확실한 도움이 된다. 그러나 상속재산이 20억 원 이하라면 사전증여가 과연 절세 효과를 가져올지, 아니면 상속공제제도의 한도에 따라 불리한 상황이 될지 신중히 검토해야 한다. 최근 상속공제 한도조정 움직임(일괄공제를 5억 원에서 8억 원으로, 배우자 공제를 5억 원에서 10억 원으로 상향 조정)에 따라, 자산 규모가 30억 원 이하인 경우에는 상속공제제도를 우선적으로 고려하면서 사전증여를 신중히 계획하는 것이 좋다. 상속공제 한도를 초과하는 재산이 아닌 경우, 사전증여보다는 상속개시 이후의 공제 혜택을 활용하는 것이 더 유리할 수 있다.

결론적으로 사전증여는 강력한 절세 도구가 될 수 있지만, 모든 상황에서 정답이 되지는 않는다. 상속재산 규모, 부동산 가격 상승 여부, 상속공제 제도 등을 종합적으로 고려해 신중하게 판단해야 절세 효과를 극대화할 수 있다.

➡ 상속·증여세 법 요약
- **사전증여 장점:** 증여세율이 낮은 구간에서 미리 분산 가능, 부동산 가격 상승 시 절세 효과.
- **사전증여 단점:** 10년 내 증여분은 상속세 과세 대상, 상속공제 혜택을 줄일 수 있음.
- **상속공제 고려:** 배우자 공제(최대 30억 원), 일괄공제(5억 원) 등의 혜택과 비교 필요.
- **증여 시 세대생략 증여세 적용 가능:** 손자에게 증여하면 30% 추가 세금 부담 발생.

➡ 주의사항
- 상속세 공제 한도를 고려하여 사전증여 여부를 결정해야 함.
- 증여세와 상속세를 비교 분석한 후 결정할 것.
- 부동산 시장을 고려하여 부동산의 가격이 변동할 수 있음을 고려해야 함.

➡ 핵심교훈
사전증여가 무조건 유리한 것이 아니므로, 상속공제와 증여세를 비교하여 신중하게 결정해야 함!

45

묘수인가 도박인가...
사위·며느리 사전증여

부담스러운 상속세를 조금이라도 줄이기 위해 자녀뿐 아니라 사위나 며느리에게도 사전증여를 고려하는 사람들이 늘어나고 있다. 사위와 며느리는 자녀들과 함께 생활하며 자녀를 돕고 손자녀를 키우는 중요한 가족 구성원으로 간주되어 증여 대상에 포함되기도 한다. 하지만 이러한 증여가 반드시 절세로 이어지는 것은 아니며, 잘못된 판단으로 오히려 세금을 더 낼 수도 있으니 신중한 접근이 필요하다.

상속세 과세표준은 피상속인이 사망할 당시 남겨진 재산에 사전증여한 재산을 더한 금액으로 결정된다. 여기서 자녀는 상속개시 전 10년 이내에 받은 증여를 포함하고, 사위나 며느리는 5년 이내에 받은 증여만 포함된다. 따라서 사위와 며느리에게 증여한 재산은 더 짧은 기간만 상속세 과세 대상에 포함되어 절세 효과가 있을 수 있다. 특히 재산이 많을수록 여러 사람에게 나누어 증여하는 것이 세율을 낮추는 데 유리하다.

예를 들어, 상속세율은 재산이 많아질수록 10%에서 50%까지 누진적으로 높아지므로, 증여받는 인원이 많아지면 개별 과세표준이 낮아져 상대적으로 낮은 세율이 적용된다. 자녀가 적은 가구에서는 사위나 며느리, 손자녀 등에게 미리 재산을 증여하면 상속세 과세표준을 줄이는 데 효과적일 수 있다. 그러나 사위나 며느리에게 증여하는 경우에는 공제 한도가 낮다. 자녀는 10년간 5000만 원까지 공제받을 수 있는 반면, 사위와 며느리는 10년간 1000만 원까지만 공제가 된다. 이로 인해 공제액 차이가 발생할 수 있으나, 부모의 재산이 상당히 많은 경우 이 공제 차이는 상대적으로 큰 영향을 미치지 않을 수도 있다. 따라서 대규모 재산을 미리 분산하려는 경우에는 절세 측면에서 사위나 며느리에게 증여하는 것이 유리할 수 있다.

다만, 이러한 절세 전략은 몇 가지 위험 요소를 동반한다. 가장 큰 우려는 가족관계의 변화이다. 사위나 며느리가 이혼하게 되면 증여된 재산을 다시 돌려받을 수 없다. 또한, 법적으로 사위와 며느리에게 증여한 재산이 자녀에게 준 것과 다르지 않다고 판단될 수도 있다. 예를 들어, 서울고등법원의 한 판결에 따르면, 자녀와 자녀의 배우자에게 부동산을 공동으로 증여했더라도 특별한 사유가 없는 한 이를 자녀에게 준 것으로 간주해 유류분 청구의 대상이 될 수 있다. 이는 다른 상속인들에게 불리하게 작용할 수 있다.

결론적으로, 사위나 며느리에게 증여하는 것은 상황에 따라 절세 효과를 얻을 수 있는 방법이 될 수 있지만, 신중한 검토가 필요하다. 가족관계의 안정성을 고려하고, 증여가 가져올 수 있는 법적 분쟁 가능성을 철저히 검토해야 한다. 사전증여가 항상 절세의 묘수가 되지는 않으며, 경우에 따라 도박이 될 수 있다는 점을 명심하고 전문가의 조언을 받아 계획적으로 진행해야 한다.

⤇ 상속·증여세 법 요약
- **사위·며느리 증여 장점:** 가족 구성원 수를 늘려 증여재산 분산 가능, 세율 절감 효과.
- **사위·며느리 증여 단점:** 10년간 1,000만 원까지만 공제 가능(자녀는 5,000만 원).
- **이혼 시 반환 불가능:** 이혼하면 증여받은 재산을 돌려받을 수 없음.
- **유류분 청구 가능성:** 다른 상속인이 일정한 요건이 되면 유류분 반환 소송을 제기할 수 있음.

⤇ 주의사항
- 이혼 가능성을 고려하여 신중하게 결정할 것.
- 증여세 공제 한도가 낮아 절세 효과가 제한적임.
- 유류분 문제를 고려하여 다른 상속인과 협의 필요.

⤇ 핵심교훈
사위·며느리에게 재산을 증여할 경우 세금 절감 효과는 있지만, 이혼 가능성과 유류분 소송을 고려해야 함!

46

16억 아파트를
0원에 상속받는 유일한 방법

서울을 비롯한 수도권의 아파트 가격이 한 채에 10억 원이 넘는 것이 허다하다. 특히 인기 있는 지역의 아파트는 가격이 매우 높고 상속세가 누진세율이다 보니 아파드 한 재만 상속받아도 상속인은 많은 상속세를 내야한다. 그런데 지금 상속세법을 적용해도 16억 원의 아파트 한 채를 상속세 한 푼도 내지 않고 받는 유일한 방법이 있다. 비싼 아파트를 물려받는 상속인으로서는 이러한 제도를 잘 이용하면 상속세를 많이 줄일 수 있으니 꼭 알아야 한다. 이른바 '효도공제'라고 불리는 '동거주택 상속공제'이다.

상속공제라고 하는 것은 일정한 정책적 목적을 위해 상속세를 경감해주기 위해 만들어진 것으로, 상속세 과세가액에서 일정한 금액을 공제하는 제도다. 상속공제는 거주자가 사망한 경우에만 적용되는데, 기초공제(가업 및 영농 상속공제 포함), 배우자 상속공제, 그 밖의 인적 공제, 일괄공제, 금융재산 상속공제, 재해손실 공제, 동거주택 상속공제 등이 있다. '그 밖의 인적공제'는 자녀공제, 미성년자공제, 연로자공제, 장애인공제를 말한다.

이러한 공제는 엄격한 조사를 거치기 때문에 요건에 부합하지 않는 경우에는 가산세 등의 불이익을 받을 수 있다. 이번에 이야기하려는 동거주택 상속공제는 자식이 부모와 같이 살면서 봉양한 경우에만 적용하는 것으로서, 실제 같이 거주할 것을 요건으로 하고 있다. 그런데 만약 형식적으로만 전입신고를 하고 같이 살지 않았다면 그 혜택을 받을 수 없다.

동거주택 상속공제는 거주자의 사망으로 상속이 개시될 때, 거주자와 같이 산 직계비속이 상속받을 경우 동거주택 가치의 일정 부분을 상속·증여세 과세가액에서 공제하는 제도다. 동거주택 상속공제를 받을 수 있는 요건은 첫째, 피상속인과 상속인(직계비속으로 한정되며 그 배우자도 포함되고, 피상속인의 배우자는 제외됨)이 상속개시일로부터 10년 이상 계속해 하나의 주택에서 동거해야 하며, 이때 징집, 취학, 질병 요양 등은 동거로 간주하되 상속인이 미성년인 기간은 제외한다. 둘째, 동거기간 내 계속해 1세대를 구성하면서 1세대 1주택에 해당해야 하고, 무주택 기간도 1세대 1주택 기간에 포함된다. 셋째, 상속개시일 현재 무주택자로서 피상속인과 동거한 상속인이 상속받은 주택이어야 한다(상속세 및 증여세 법 제23조의2). 이러한 요건을 모두 충족시켜야 동거주택 상속공제 혜택을 볼 수 있고, 그 혜택은 상속주택 가액의 100%에 상당하는 금액을 과세가액에서 공제받을 수 있으며, 공제금액의 한도는 6억 원이다.

피상속인의 주택은 구입한 지 10년이 넘지 않아도 된다. 피상속인과 직계비속인 상속인이 같이 10년 동안 거주하는 것이 중요하다. 10년이라는 기간은 직계비속이 성년이 된 이후부터 세는 것이므로 미성년자로서 같이 거주한 기간은 포함되지 않는다. 10년이라는 기간도 중간에 끊임없이 계속돼야 한다. 5년 살고 중간에 2년을 다른 곳에서 거주하다가 나중에 5년을 더 살았다면 공제 혜택을 받지 못한다. 직계비속은 2022년 상속법 개정으로 직계비속의 배우자도 포함돼 며느리나 사위도 공제 혜택을 받을 수 있다. 만약 자식이 죽고 그 며느리가 시부모를 모시고 사는 경우도 해당된다. 그리고 피상속인이 이사를 위해 일시적 2주택이 된 상태에서 돌아가시거나, 자녀가 유주택자와 결혼으로 인해 주택을 소유한 경우에도 1세대 1주택으로 간주하고 동거주택 상속공제를 적용받을 수 있다. 부동산에 대한 취득세가 3.14%인데, 무주택자가 이렇게 동거주택을 상속받으면 취득세가 0.8%로 낮춰진다.

아파트 가격이 16억 원인 경우에는 배우자 공제 5억 원, 일괄공제 5억 원, 동거주택 상속공제 6억 원을 공제받으면 상속세의 과세가액은 0원이 되어 세금이 없게 된다. 동거주택 상속공제 혜택으로 인해 1억 2,000만 원을 아끼고, 게다가 취득세도 3,744만 원이나 절세를 하게 된다. 그러나 부모와 10년 이상 같이 실제적으로 거주하면서 부양해야 하는 것이므로 다른 곳으로 가지 못하고 부모와 함께 거주해야 하는 부담이 있다. 국세청의 세무조사도 실제 같이 거주했는지를 면밀히 검사할 수밖에 없다. 이를 수치화해 보건대, 절세 금액 1억 6,000만 원의 돈을 아끼면 10년을 기준으로 하여 매년 1,600만 원의 이득을 보게 된다. 그러면 효도의 가치를 환산해 보면 매달 133만 원 정도 되는 것이므로 그 정도면 노력해 볼 가치는 있다고 할 수 있지 않을까.

➡️ 상속·증여세 법 요약

- **동거주택 상속공제 활용:** 10년 이상 부모와 동거한 자녀는 주택가액 최대 6억 원 공제 가능.
- **기본 공제 포함 시 최대 16억 원까지 공제 가능:** 배우자 상속공제(5억 원), 일괄공제(5억 원)와 함께 적용.
- **실제 거주 여부 확인 필수:** 주소지만 등록하고 실제로 함께 거주하지 않으면 공제 불가.
- **세무조사 가능성:** 국세청에서 실제 거주 여부를 철저히 조사할 수 있음.

➡️ 주의사항

- 부모와 10년 이상 실거주해야 공제 대상이 됨.
- 공제 대상인지 미리 확인하고 서류 준비 필요.
- 국세청 조사에 대비해 거주 증빙(전기·수도 요금, 우편물 등) 준비할 것.

➡️ 핵심교훈

부모와 10년 이상 동거하면 동거주택 상속공제를 활용하여 상속세를 크게 줄일 수 있음!

47

상속부동산 협의 중 발생한 재산세·종부세, 누가 낼까?

망인이 돌아가시면서 상속인으로 배우자와 4명의 자식이 있었다. 망인의 상속인들이 재산을 나누는 상속재산 분할심판을 했는데, 법원이 '이 사건 부동산을 피고 김을동의 단독소유로 분할하되, 피고 김을동이 그 구체적인 상속분과 이 사건 부동산의 가액과의 차액은 현금으로 정산해 원고 김갑동과 소외 김병동, 김정동에게 지급하라'는 결정을 내렸고 확정됐다. 그 후 원고 김갑동과 피고 김을동 간에 새로운 소송이 제기됐는데 그 소송에서 피고 김을동은 자신이 이 사건 부동산에 부과된 재산세를 납부했으니 다른 공동상속인들이 그 지분만큼 부담해야 한다고 해서 구상권을 청구하는 반소를 제기했다. 이렇듯 상속 협의 과정 중에 발생하는 여러 가지 세금에 대해 분쟁이 일어나고 있다.

이 사건에서 상속재산 분할의 방법은 이른바 '대상분할'의 방법이다. 상속재산의 분할은 피상속인이 돌아가시기 전에 유언으로 정하는 지정분할의 방법이 있고, 지정분할이 없을 경우에는 상속인들 간의 협의에 의해 정하는 방법이 있고, 그 협의가 이뤄지지 않으면 법원에 상속재산 분할심판을 청구해 법원의 결정에 의해 정하는 방법이 있다. 상속재산은 모든 상속인들에게 포괄적으로 이전되는 것이 원칙이지만, 가분적인 상속재산은 분할의 대상이 되지 않는다. 가분적인 재산은 금전채권처럼 쉽게 나눌 수 있는 재산을 말한다.

그런데 이 사건에서는 이 부동산에 임대차계약이 여럿이 있고, 금융채무도 있어 쉽게 나눌 수 없어서 법원은 임대차 목적물인 이 사건 부동산을 공동상속인 중 1인의 단독소유로 하고, 그가 받을 구체적 상속분과 그 상속재산의 차액을 현금으로 정산해 다른 공동상속인들에게 나누는 분할방법을 선택한 것이다. 이러한 방법이 대상분할의 방법이다.

임대차계약이 설정돼 있는 상속 부동산의 경우에는 2가지 이슈가 있다. 상속재산 협의가 될 때까지 임대료가 매달 발생하고, 임차인이 명도할 때에는 임대차 보증금을 반환해야 한다. 임대료의 수입은 법정과실이고, 임대차 보증금의 반환은 채무변제다. 특정 상속재산을 받는 상속인이라고 하더라도 상속재산의 과실까지 소급해 단독으로 차지할 수 없다. 이러한 경우에는 공동상속인들의 수증재산과 기여분 등을 참작해 상속개시 당시를 기준으로 산정되는 '구체적 상속분'의 비율에 따라 과실을 취득하므로 이에 따라 나눠야 한다.

그리고 임대차 보증금의 반환은 그 채무의 내용이 불가분 채무여서 법정상속분에 따라 공동상속인들에게 분할해 귀속되지만, 임대차 보증금을 한 상속인이 모두 지급했다면 다른 상속인들은 부담부분만큼 면책을 얻었으므로 지급한 공동상속인이 다른 상속인을 상대로 구상권 청구를 할 수 있다. 이러한 2가지 이슈를 상속재산 분할심판 시에 정리하지 않으면 추가적인 법적 분쟁이 발생할 수밖에 없다.

이 사건에서는 이러한 문제 이외에도 공동상속인이 납부한 재산세의 납부의무도 다툼이 됐다. 상속재산은 상속인이 수인일 때에는 공유관계인데, 공유물에 관련된 재산세는 공유자가 연대해 납부할 의무가 있다. 이러한 재산세를 대신 납부한 공유자는 다른 공유자를 상대로 구상권을 행사할 수 있다. 상속재산의 분할은 상속 개시된 때로 소급해 효력이 있지만 상속개시 이후 공동상속인들이 상속재산의 공유관계에 있었던 사실 자체가 소급해 소멸하는 것은 아니다.

그래서 상속재산에 부과된 재산세는 공동상속인들이 연대해 납부할 의무가 있고, 그중 1인이 재산세를 납부해 면책을 얻었다면 다른 공동상속인들은 자신의 법정상속분만큼 책임을 져야 한다. 재산세와 유사한 종합부동산세, 이 사건 부동산을 얻은 임대소득과 관련한 종합소득세, 지방소득세, 부가가치세 등은 개별적으로 판단해 보아야 한다.

이 사건 부동산의 명의는 1인이고, 상속개시부터 소유한 것으로 처리가 되므로 이에 대한 납부의무는 명의자가 부담한다. 종합부동산세의 경우는 과세기준일 현재 재산세 납세의무자이므로 종부세를 납부했다면 다른 상속인들에게 상속협의 종료시까지 그 부담부분을 청구할 수 있다. 그러나 종합소득세, 이와 관련한 지방소득세, 부가가치세는 단독으로 상속받은 상속인이 부담해야 할 것이다.

추가적으로 상속세는 상속인 각자가 받은 상속재산 가액 범위 내에서 상속세를 연대해 납부할 의무가 있다. 그래서 상속세를 한 상속인이 전부 납부했을 경우 다른 상속인을 상대로 그 상속지분에 따른 상속세액을 구상할 수 있다. 실제 상속세 신고를 할 경우에 납세담보를 제공해야 하는 경우 다른 공동상속인이 협력하지 않는 경우가 있다. 그러나 상속세 납부와 상속재산 분할협의는 별개로 해 상속세 납부절차에 협력하는 것이 좋다.

그리고 상속세를 피상속인의 배우자가 전액 납부한 경우 자식인 상속인들에게 구상권을 행사하지 않더라도 증여로 보지 않는다. 배우자가 상속세를 납부한 만큼 재산이 감소하는 경우 다시 상속이 일어나는 경우에는 상속재산이 줄어서 상속세를 줄일 수 있으므로 이러한 절세 방법을 염두해 두는 것이 좋다.

⮕ 상속·증여세 법 요약
- **상속재산은 공동소유 상태:** 상속 협의 전까지 상속인들이 공동으로 세금 부담.
- **재산세·종합부동산세:** 과세 기준일 현재 공동상속인이 부담.
- **임대소득세:** 임대료를 받은 사람이 세금을 납부해야 함.
- **구상권 청구 가능:** 특정 상속인이 세금을 전부 냈다면 다른 상속인에게 구상권 행사 가능.

⮕ 주의사항
- 협의 전에 부동산에서 발생하는 세금은 공동상속인들이 지분별대로 부담함.
- 공동 명의로 재산을 보유하면 주택의 경우 종부세 부담이 증가할 수 있음.
- 상속재산 협의 시 세금 부담을 명확히 정리해야 나중에 분쟁을 방지할 수 있음.

⮕ 핵심교훈
상속 협의 중 발생한 재산세·종부세는 공동상속인이 부담하며, 사전에 세금 부담을 협의하는 것이 중요함!

48

'불효자 상속 전략'을 아시나요?
상속세 줄이는 꿀팁

상속세를 고민하는 사람들이 늘어나고 있다. 상속세 고민은 주는 사람이 할 수도 있고, 받는 사람이 할 수도 있다. 그러나 늘어나는 상속세 부담에 대해서는 주는 사람과 받는 사람들이 다 함께 고민해야 할 부분이다. 당장 부모가 두 분인 사람과 한 분인 사람은 접근방법이 달라야 한다. 왜냐하면 부모가 두 분인 경우 동시에 돌아가시지 않는다면 순서대로 돌아가실 것이기 때문이다. 상속재산이 어느 부모가 더 많이 있는지도 고려해야 할 부분이다. 상속세는 초과 누진세라서 상속재산이 늘어날수록 상속세의 부담이 더욱 커지기 때문이다.

영등포에 살고 있는 김철수 씨는 자산이 30억 원에 이르는 부자였다. 그의 상속인으로 배우자와 자식 2명이 있고, 배우자의 자산은 없다고 가정해 보자. 그가 사망하는 경우 상속인인 배우자와 자식들은 어떻게 해야 상속세를 줄일 수 있는지 간단하게 알아보도록 하자. 자식들 중 큰아들은 어머니가 재산을 모두 상속받고 나중에 어머니가 돌아가시면 그 재산을 상속받으면 좋겠다고 생각했고, 작은아들은 각자 법정지분대로 상속받아 자신의 몫을 받기를 원했다. 어머니가 언제까지 사실지 모르기 때문에 어머니에게 재산을 다 줘야 한다는 효자 같은 큰아들과 자신의 몫을 알뜰히 챙기려는 불효자 같은 작은아들 중 누구의 의견을 따라야 상속세가 적을까?

우선 어머니가 30억 원을 모두 상속받고 자식들은 전혀 재산을 받지 않는 경우 상속세는 0원이다. 배우자 공제 최고한도가 30억 원이고, 그 한도 내에서 배우자가 실제로 받은 금액까지 공제가 가능하기 때문이다.

다음으로 법정지분대로 배우자와 자식들이 상속을 받는 경우 상속세에 대해 알아보자. 이런 경우 배우자의 지분은 7분의 3이므로 12억 8600만 원, 자식들의 지분은 각 7분의 2이므로 각 8억 5700만 원이다. 상속재산 30억 원에서 일괄공제 5억 원, 배우자가 실제 받은 12억 8600만 원을 공제하면 12억 1400만 원이므로 상속세율을 곱하면 상속세는 2억 3300만 원이 나온다. 이런 계산의 결과로 판단하면 당장 배우자가 모든 재산을 받은 경우가 그렇지 않은 경우보다 상속세가 적게 나온다는 점에서 유리하다.

그러나 배우자인 어머니도 어느 정도 시간이 지나면 돌아가시기 때문에 2차 상속이 일어난다. 어머니가 모든 재산인 30억 원을 상속받은 경우에 자식들은 어머니 재산의 2분의 1씩 상속받을 것이다. 이럴 경우에는 30억 원에서 일괄공제 5억 원을 공제한 25억 원으로 상속세를 계산하면 8억 4000만 원이 나온다.

그런데 법정지분대로 상속을 받은 후 어머니가 사망한 경우에는 그 재산이 그대로 남아있다고 가정할 경우 12억 8600만 원이므로 일괄공제 5억 원을 빼면 7억 8600만 원이 되므로 상속세는 1억 4720만 원이 된다. 1차 상속과 2차 상속이 계속 이뤄지는 경우 전체 상속세액은 배우자가 모든 재산을 상속한 경우에는 8억 4000만 원이고, 배우자와 자식들이 법적 상속분 대로 상속한 경우에는 3억 8020만 원(1차 상속시 2억 3300만 원+2차 상속시 1억 4720만 원)이 된다. 계산상으로는 큰아들 방법보다 작은아들 방법이 상속세 4억 5980만 원을 더 절세하는 결과가 된다.(이 계산은 배우자인 어머니가 사망 전까지 증여를 하면 각 5000만 원 내외에서 공제가 될 수 있으나 이를 반영하지 않고, 상속세액도 1차 상속과 2차 상속이 일어난 시간에 따라 상속세가 감액되는 단기 재상속 상속세를 고려하지 않은 점이 있음을 밝힌다.)

이렇게 부모님이 모두 살아 계시고 재산이 한 부모에게 편중돼 있다면 편중된 부모님이 먼저 돌아가신 경우 법정지분대로 상속을 받는 것이 두 차례의 상속이 일어날 것을 가정하면 더 상속세를 절약할 수 있는 방법이 된다. 그래서 남아계신 부모님에게 재산을 대부분 상속하게 하고, 나중에 상속받는 방법은 상속세 절세 전략으로는 좋지 않다. 그냥 상속인들의 법정지분대로 상속을 받고, 나중에 한쪽 부모님의 재산을 법정지분대로 받는 것이 상속세를 줄이는 전략임을 알아야 한다.

다만 한쪽 부모님만 남게 된 경우에도 그 부모님이 1차 상속시에 상속세 전체 세액을 납부하고, 살아 계신 동안 10년 동안 법적 공제한도인 각 상속인당 5000만 원 내에서 증여를 하면 부모님의 재산이 줄어들어 상속세는 줄어들 수 있다. 그래서 상속세를 절세하기 위해서는 효자가 되는 것이 바람직하지 않다는 역설이 생기는 것이다.

⊡ 상속·증여세 법 요약
- **배우자에게 전액 속하면 상속세 0원 가능:** 배우자 상속공제 한도(최대 30억 원) 활용.
- **2차 상속세 부담 증가 가능:** 배우자 사망 시 다시 상속세 부과.
- **자녀와 배우자가 법정 지분대로 상속하면 절세 효과 있음:** 1차·2차 상속을 고려한 분할 필요.
- **사전증여 활용:** 배우자가 생전에 증여하면 절세 가능.

⊡ 주의사항
- 배우자에게 전액 상속하면 단기적으로 절세되지만, 2차 상속에서 상속세 폭탄 가능.
- 법정 상속비율대로 나누는 것이 장기적으로 유리할 수도 있음.
- 10년간 증여공제 한도를 활용하면 추가적인 절세 가능..

⊡ 핵심교훈
배우자에게 전액 상속하면 단기 절세 가능하지만, 2차 상속세 부담을 고려해야 함!

49

상속받은 APT~ APT~
양도세 폭탄 피하는 절세

우리나라 주택의 60% 이상은 공동주택이다. 대부분이 아파트에 살고 있으나 젊은 사람들은 아파트 하나를 구입하는 것이 어렵다. 그래서 부모님들은 자식들에게 자신이 살고 있는 아파트를 죽은 후에는 주고 싶어 한다. 부모님으로부터 아파트를 물려받은 뒤 시간이 지나 그 아파트를 매매해야 하는 경우가 생기는데 이때 발생하는 양도소득세의 절세방법은 상속인들이 반드시 알아야 한다. 어떻게 하면 절세할 수 있는지 알아보자.

수도권에 살고 있는 김영철 씨는 아버지가 살고 있는 아파트를 아버지가 돌아가신 후에 다른 상속인들과 협의로 상속을 받았다. 아버지는 돌아가시기 6년 전에 아파트를 취득하셨고, 영철 씨는 현재 필요에 의해 매각하려고 한다. 이때 양도소득세가 어느 정도 나오는지 알고 싶어 한다.

영철 씨가 무주택자인 상태에서 아버지의 아파트를 상속받았다고 가정해 보자. 1세대 1주택인 경우에 2년 이상 보유한 후에 매각을 해야 양도소득세가 비과세된다. 보유기간은 자산의 취득일로부터 매각일까지다. 기본적으로 상속재산의 취득일은 상속재산 분할협의의 효력이 있는 상속개시일이다. 상속개시일은 아버지가 돌아가신 날을 말한다. 그날로부터 매각할 때까지 2년 이상 보유해야 비과세 요건이 된다.

그런데 소득세법 시행령 제154조 제8항 제3호에 의하면 '상속받은 주택으로서 상속인과 피상속인이 상속개시 당시 동일세대인 경우에는 상속개시 전에 상속인과 피상속인이 동일세대로서 거주하고 보유한 기간'을 보유기간에 합산하기로 돼 있다. 쉽게 말하자면 아버지가 돌아가시기 전까지 영철 씨가 아버지와 같이 살았다면 그 기간을 보유기간에 합산하겠다는 것이다. 그렇다면 영철 씨가 상속 후에 아파트를 팔더라도 바로 1세대 1주택의 비과세요건이 되는 것이다. 영철씨가 아버지와 같이 살지 않았다면 아버지가 돌아가신 때로부터 2년 후에 매각을 해야 비과세 요건이 된다.

양도소득세에서 중요한 것이 세율이다. 양도소득세의 세율은 보유기간에 따라서 단기간에는 중과를 하고, 장기간에는 단계별로 세율에 혜택이 있다. 보유기간이 1년 미만인 경우에는 양도차익의 77%, 1년 이상 2년 미만인 경우에는 양도차익의 66%, 2년 이상은 양도차익의 6%부터 49.5%의 세율을 적용받는다.

그런데 이때의 보유기간은 1세대 1주택의 보유기간의 해석과 다르다는 점에 유의해야 한다. 소득세법 제104조 제1항 1호에 의하면 '상속받은 재산은 피상속인이 그 자산을 취득한 날'을 취득일로 보고 있다. 그래서 보유기간은 취득일부터 매각일까지인데 아버지가 재산을 취득한 날을 취득일로 보고 보유기간을 계산해야 한다. 영철 씨는 아버지의 아파트를 상속받은 경우 아버지가 그 아파트를 취득한 날을 기준으로 보유기간을 산정해 양도세율을 적용하면 된다.

또한 양도소득세에서 가장 유념해서 봐야 할 것이 장기보유 특별공제다. 장기보유 특별공제는 오랫동안 자산을 보유하고 있는 경우 인플레이션을 반영해 그 자산의 가치를 보존할 필요성이 있으므로 인정되는 제도다. 최소한 보유기간이 3년 이상이 돼야 장기보유 특별공제를 인정받을 수 있는데 이런 경우 '낮은 장특공제'라고 부른다. 그리고 1세대 1주택이고 보유기간 중 거주기간이 2년 이상인 경우에 혜택을 주기 위해 만든 것이 '높은 장특공제'라고 부른다. 낮은 장특공제는 보유기간에 따라 매년 2%씩 공제가 되고, 높은 장특공제는 보유기간 매년 4%씩 공제되고 거주기간 1년에 4%씩 공제가 돼 그 비율을 합한 만큼 공제된다.

만약 영철 씨가 아파트를 5년 살고 그중 3년 거주했다면 32%의 높은 장특공제를 적용받게 된다. 거주하지 않았다면 10%의 낮은 장특공제를 받을 뿐이다. 상속된 아파트의 경우에는 장기보유 특별공제를 계산할 때 인정되는 취득일은 실제로 영철 씨가 아파트를 취득한 아버지의 사망일이다. 장기보유 특별공제는 아버지의 사망일로부터 아파트의 매각일까지만 보유기간으로 인정되는 것이다.

이렇게 상속주택인 경우 보유기간의 산정이 △1세대 1주택 비과세 요건

판단시 △양도소득세율 판단시 △장기보유 특별공제 판단시 모두 다르다. 그래서 최대한 세금을 절약하기 위해서는 이러한 보유기간에 대한 계산을 착오 없이 한 후 매각 여부를 결정해야 한다. 만약 그렇지 않고 매각한 경우에는 생각보다 많은 양도소득세를 부담할 수 있다. 아파트를 매각할 경우 절세를 고려하지 않고 함부로 하면 후회하기 쉽다. 세금 절약을 위해서는 항상 전문가의 의견을 듣고 매각 여부를 결정하는 것이 좋다.

➡ 상속·증여세 법 요약
- **1세대 1주택 비과세:** 무주택인 자가 상속받아 2년 이상 보유하면 양도소득세 비과세 가능.
- **보유기간 계산:** 피상속인의 취득 시점부터 보유기간으로 인정.
- **장기보유 특별공제 활용:** 3년 이상 보유하면 양도세 감면 가능.

➡ 주의사항
- 1세대 1주택 비과세를 받으려면 2년 이상 보유해야 함.
- 피상속인의 보유기간이 길면 장기보유 특별공제로 인하여 양도세 부담이 줄어듦.

➡ 핵심교훈
상속받은 아파트는 2년 이상 보유하면 양도세 절세 가능하며, 피상속인의 보유기간에 따라 공제 가능!

50

건물주라면...
상속세 절세 핵심은 임대차 설계

서울 용산구에 거주하고 있는 80세 김성수 씨는 건물을 보유하고 있는데 그 건물의 시가가 20억 원이다. 나이가 많은 김성수 씨는 건물을 임대하는 경우 보증금과 월세를 어떻게 설정하는 것이 상속세를 절약하는 데 도움이 되는지 고민이다. 이런 경우 고려해야 할 점은 상속세의 계산 시 상속채무가 상속 재산가액에서 공제되므로 이를 절세에 어떻게 이용할지와 보증금으로 받은 돈을 어떻게 사용했는지에 대한 추후 입증 문제로서 상속추정 제도에 어떻게 대응할지이다.

상속채무란 상속개시일 현재 피상속인이 부담해야 할 확정된 채무로서 공과금 이외의 모든 부채를 말하며 상속인이 실제로 부담하는 사실이 입증돼야 한다. 국가·지방자치단체·금융기관의 채무는 당해 기관에 대한 채무임을 확인할 수 있는 서류, 그 밖의 채무는 채무부담 계약서, 채권자 확인서, 담보 설정 및 이자 지급에 관한 증빙 등에 의해 그 사실을 확인할 수 있는 서류가 필요하다.

피상속인이 비거주자인 경우에는 당해 상속재산을 목적으로 하는 임차권, 저당권 등 담보채무, 국내사업장과 관련해 장부로 확인된 사업상 공과금 및 채무 등에 한정해 차감할 수 있다. 피상속인이 연대채무자인 경우에는 상속재산에서 공제할 채무액은 피상속인의 부담분에 상당하는 금액에 한해 공제할 수 있다.

피상속인이 부담하는 보증채무의 경우에는 주채무자가 변제불능의 상태에 있어 상속인이 주채무자에게 구상권을 행사할 수 없을 경우에는 그 상당한 금액을 채무로 공제한다. 이러한 상속개시 당시 피상속인의 채무가 존재하는지의 여부, 보증채무 및 연대채무의 경우 주채무자가 변제불능 상태에 있어서 피상속인이 이를 부담할 수밖에 없다는 사정의 입증은 납세의무자인 상속인이 부담한다.

상속개시일 전 재산을 처분하거나 예금을 인출 또는 채무를 부담한 경우로서 사용처가 객관적으로 명백하지 아니한 금액은 이를 상속인이 상속받은 것으로 추정해 상속세 과세가액에 산입된다. 이를 추정 상속재산이라고 한다. 피상속인이 재산을 처분해 받은 그 처분대금 또는 피상속인의 재산에서 인출한 금액에 대해 상속인이 구체적인 사용처를 규명해야한다. 상속개시일 전 1년(2년) 이내에 재산 종류별로 계산해 피상속인이 재산을 처분해 받거나 피상속인의 재산에서 인출한 금액이 2억 원(5억 원) 이상인 경우이다.

피상속인이 재산을 처분해 받은 그 처분대금 또는 피상속인의 재산에서 인출한 금액에 대해 사용처가 불분명한 경우의 추정 상속재산은 미입증금액 - Min(처분재산가액 등 × 20%, 2억 원)으로 계산한다. 만약 상속개시 전 6개월 전에 임차보증금 8억 원을 받았다면 그 돈의 사용처를 상속인들이 입증해야 한다. 이를 입증하지 못하는 경우에는 상속추정 제도에 의해 해당 금액이 상속재산가액에 합산된다. 이때 가산하는 금액은 미입증 금액이 전액이라면, 8억 원에서 8억 원의 20%와 2억 원에서 적은 금액을 공제한 것이어서 6억 4000만 원이 상속재산가액에 합산돼 세금이 늘어난다. 다만 보증금채무로서 상속재산가액에서 공제되는 것은 별개 문제다.

건물의 임대차 보증금은 상속채무에 해당한다. 그리고 임대차 보증금에도 상속추정 제도가 적용된다. 그래서 2년 이내의 임차 보증금을 채무로 신고한 경우에는 그 사용처에 대한 증빙을 철저히 확보해 둬야 한다. 그러한 사용처에 대해 제대로 세무조사 시에 소명하지 못하는 경우에는 상속세를 추가적으로 더 부담할 수 있다. 그리고 임차 보증금을 받는 경우가 월세를 더 받는 경우보다 절세 측면에서 더 나을 수 있다. 그러나 월세가 좋을지, 임차 보증금이 좋을지에 대해서는 상황별로 다르므로 전문가와 상담해 결정할 문제다. 통상적으로 상속받을 재산이 많은 상속인은 월세보다는 보증금을 받으면 부채로 인정받을 수 있어 상속세 절세에 도움이 된다.

상속에서 상속채무가 인정되면 국세청에서 사후관리를 하므로 언제든지 세무조사가 나올 수 있다. 상속세의 결정에서 재산취득 자금출처 확인

등에서 인정된 부채는 국세통합시스템에 입력되고, 부채 사후관리 대상자에게 해명할 사항이 필요한 경우 부채상환에 대한 해명자료 제출안내문을 우편으로 발송한다. 그리고 사후관리 결과 채권자 변동사실, 채무감소 사실 등이 확인된 경우에는 즉시 그 사실을 국세통합시스템에 입력하도록 돼 있다. 상속세 세무조사가 한 번에 끝나지 않는 이유가 여기에 있다.

⤷ 상속·증여세 법 요약
- 상속세 계산 시 상속채무 공제 가능, 절세 전략에 핵심.
- **채무 입증 서류 필수:** 보증금, 대출 등은 문서 증명이 있어야 공제 가능
- 재산처분 대금·인출 금액의 사용처 미입증 시, 상속재산으로 간주돼 과세 위험.
- 보증금 등 사용처 명확히 입증해야 상속추정 제도 대응 가능.

⤷ 주의사항
- 건물 임대 보증금은 상속채무 인정 가능, 하지만 2년 이내 사용처 증빙 없으면 과세 가능성.
- 보증금 vs 월세, 어떤 방식이 유리한지는 상황별 분석 필요 → 전문가 상담 권장.
- 상속채무 공제 시 국세청 사후관리 및 세무조사 대비 필요.

⤷ 핵심교훈
보증금은 과세 추정 대상이 되기 쉬움, 비율 조정과 증빙 전략 필요.
모든 채무 관련 문서·사용처 기록 철저관리로 세무 리스크 최소화.
전문가와 함께 절세 전략 수립이 상속세 절감의 핵심 열쇠!

상속 · 증여 솔루션

51

아파트 증여, 매매보다
부담부증여가 유리할까?

인천시에 거주하는 김영수 씨는 결혼을 앞둔 아들에게 자신이 가지고 있는 송도 아파트를 물려주려는 계획을 가지고 있다. 요즘은 아파트가 있어야 좋은 배우자를 만날 수 있다는 생각도 작용했다. 그는 아파트를 이전하는 방식으로 '상속'과 '증여'를 모두 고려하고 있는데 아파트 가격이 계속 오르고 있어서 미리 물려주면 좋겠다는 전문가의 조언에 마음이 급하다. 어떻게 하면 가장 적은 세금을 내고 아파트를 아들에게 물려줄 수 있을까?

우선 아들에게 매매로 유상 양도하는 방법이 있다. 매매로 아파트를 양도할 경우 아들이 취득세만 부담하면 된다. 그러나 아버지가 아들에게 매매로 부동산을 이전하는 경우, 세무서가 아들이 제대로 아파트의 매매대금을 아버지에게 지급했는지 조사할 가능성이 크다. 아들이 매매대금을 지급할 능력이 있는지, 자금의 조달이 적법했는지, 채무를 제대로 변제하는지에 대한 조사에 철저히 대비해야 한다. 아파트의 매매대금이 시가와 많은 차이가 나는 경우 부당한 저가나 고가 양도로 보아서 부인행위의 대상이 될 수 있다. 아들에게 생전에 무상으로 이전하는 증여는 증여 재산가액에서 증여 재산공제를 통해 증여세가 과세되고, 10년간은 사전 증여한 것과 합산해 증여세가 과세된다는 점을 유의해야 한다.

일반적으로 매매의 형태로 부동산을 이전하는 경우 절세의 목적으로 부담부증여를 활용하는 경우가 많다. 부담부증여는 무상이전과 유상이전이 혼합된 방식이다. 만약 아파트의 시가가 10억 원이라고 할 경우에 채무를 3억 원을 부담시키고 자식에게 양도하는 것을 예로 들어보자. 이 경우 증여는 시가에서 채무를 공제한 7억 원을 기준으로 하고, 양도는 부채의 이전으로 보아 채무액 3억 원을 기준으로 각 세금을 계산한다.

증여세는 증여받는 아들이, 양도소득세는 양도한 아버지가 납부해 부담 주체가 다르다. 부담부증여의 경우 증여세의 계산은 시가에서 채무를 공제한 것을 증여액으로 보고, 증여세의 세율(10~50%)에 따라야 하고 10년간 증여한 것을 포함하며, 성인인 경우 5000만 원까지 공제가 된다.

양도소득세는 부담한 채무를 양도한 것으로 보는데, 채무액을 증여재산가액으로 나눈 채무액비율을 전체 증여 재산가액에 곱해 양도가액을 산정하고, 취득가액에 채무액 비율을 곱한 것을 취득가액으로 산정해 취득가액에서 양도가액을 뺀 것을 양도차익으로 하여 계산한다.

부담부증여의 경우에는 유상이전과 무상이전에 따라 취득세의 계산도 달라진다. 유상이전 부분은 자녀가 인수한 채무액에 대해 적용되고,

무상이전 부분은 채무를 제외한 순수한 증여부분에 대해 적용된다. 유상 취득세율은 자산의 종류에 따라 다른데 부동산(토지나 건물)의 유상취득세율은 4.6%(지방교육세 및 농어촌특별세 포함)이고, 주택의 경우 1주택자는 1.1~3.5%, 2주택자 이상은 8~12%까지 중과세가 된다. 무상취득세율은 일반 부동산의 경우 3.5%이고, 주택도 3.5%지만 주택의 가액과 수에 따라 달라질 수 있다.

부담부증여는 효과적인 절세대책이 될 수 있지만, 부과되는 증여세, 양도소득세, 취득세를 모두 고려해 결정해야 하는 절세방안이다. 특히나 부모나 자녀의 주택 소유현황, 경제적 상황, 부동산 시가의 변화 등을 모두 고려해야 하는 방법이라고 할 수 있다.

그리고 자산의 이전방식으로 상속을 고려할 수 있는데 상속도 무상이전이지만 증여세와 계산방식이 조금 다르다. 우리나라 상속법은 유산세 방식을 취하고 있어서 피상속인의 상속재산 전체의 가액을 계산하고 상속공제를 한 후에 상속세액을 계산한다. 자산의 가액이 10억 원 이하인 경우에는 상속의 경우가 가장 세금이 적지만 언제 피상속인이 사망할지도 모르기 때문에 미리 부동산을 이전하려는 경우에는 적당하지 않다. 다만 피상속인의 사망을 예견할 수 있을 때에는 가장 저렴한 세금으로 재산을 이전하는 방법이 상속이다.

부모가 자식에게 아파트를 이전하는 방법은 이처럼 다양하지만 절세를 고려할 때는 다양한 세금에 대한 종합적 고려가 필요하다. 그리고 아파트

가격에 대해 시세와 너무 다른 가격을 기준으로 세금신고를 하는 경우에는 세무서의 엄격한 조사를 피하기 어렵다. 국가의 세수가 부족하다는 지금, 아파트도 기준시가보다는 가급적 시가를 평가해 과세하려는 입장이기에 세금신고 시에 아파트 시세에 대한 평가도 잘하여 신고해야 한다.

➡️ 상속·증여세 법 요약
- **부담부증여란?:** 부채를 포함하여 재산을 증여하는 방식.
- **세금 절세 효과:** 부채에 해당하는 부분은 양도소득세로 과세되고, 나머지는 증여세로 과세됨.
- **적용 대상:** 부동산의 담보대출이 있는 경우 유리.
- **부담부증여의 단점:** 양도소득세와 증여세를 모두 고려해야 하며, 부채를 부담하는 사람이 상속인인지 확인 필요.

➡️ 주의사항
- 부담부증여를 활용하면 증여세는 줄어들지만, 양도세가 증가할 수 있음.
- 부채 승계를 고려하여 수증자의 상환 능력을 검토해야 함.
- 세무 전문가와 상담 후 최적의 절세 방안을 결정해야 함.

➡️ 핵심교훈
부담부증여는 부채를 활용해 세금을 절감할 수 있지만, 양도세와 증여세의 균형을 고려해야 함!

52

600억 상속공제의 비밀...
가업승계 성공열쇠

상속재산이 30억 원을 초과하는 경우 50%의 높은 상속세율을 적용한다. 만약 회사를 운영하던 중소기업주가 갑자기 죽게 되면 상속인들이 상속을 받으면서 50%의 높은 세율이 적용된 상속세를 납부해야 한다. 그러면 상속인 입장에서는 부모로부터 물려받은 회사를 지속적으로 경영하는 것도 불가능하고, 당장 세금을 납부하기 위한 자금을 마련하기도 어려워 신용불량이 될 수 있다.

가업승계가 보편화된 선진국과 달리 우리나라는 가업승계 문화가 아직도 부족하다. 전문경영인을 도입해 회사를 운영하는 것보다는 중소기업의 경우 가족경영이 더 효율적인 경우가 많다. 회사가 상속인들에 의해 지속적으로 경영되고, 직원도 계속 고용하며, 회사의 경쟁력을 높일 수 있도록 하는 것이 바람직하다. 그러한 점에서 가업승계 공제는 회사를 운영하는 사장님들이 반드시 준비해야 할 과제다.

상증법 제18조의2는 가업상속 공제를 규정하고 있다. 거주자인 피상속인이 생전에 10년 이상 영위한 중소기업 등을 상속인에게 정상적으로 승계한 경우에 최대 600억 원까지 상속공제를 해주는 것이다. 공제금액은 가업상속재산의 100%이나, 피상속인의 경영이 10년 이상인 경우는 300억 원, 20년 이상인 경우에는 400억 원, 30년 이상인 경우는 600억 원의 공제 한도가 있다. 즉, 피상속인이 최소 10년 이상 운영한 기업이어야 한다. 상속 개시일 현재 소득세 과세기간이나 법인세 사업연도의 직전 과세기간 또는 사업연도 말, 가업상속 공제 적용 업종이어야 하고, 매출액이나 독립성 기준을 충족하고, 자산총액이 5,000억 원 이하이거나 3개년간 매출 평균금액이 5,000억 원 이하인 기업만 해당된다.

피상속인은 피상속인을 포함한 최대주주 등이 지분 40%(상장법인은 20%) 이상을 10년 이상 계속해서 보유해야 하고, 3가지의 대표이사 자격요건 중 1가지를 충족하고 있어야 한다. 상속인은 18세 이상이고, 상속개시일 전 2년 이상 가업에 종사해야 하며, 신고기한까지 임원 취임 및 신고기한부터 2년 이내 대표이사로 취임해야 하고, 가업이 중견기업에 해당하는 경우 가업상속 재산 외에 상속재산의 가액이 해당 상속인이 상속세로 납부할 금액의 2배를 초과하지 않을 것을 조건으로 한다.

가업상속 공제를 신청하고자 하는 자는 상속세 과세표준 신고서와 함께 각종 서류(가업상속 공제 신고서(중소기업 기준 검토표 포함), 가업상속 재산 명세서, 가업용 자산명세, 가업상속 재산이 주식 또는 출자 지분인 경우에는 해당 주식 또는 출자 지분을 발행한 법인의 상속개시일 현재와 직전 10년 간의 사업연도의 주주현황, 기타 상속인이 해당 가업에 직접 종사한 사실을 증명할 수 있는 서류)를 납세지 관할 세무서장에게 제출해야 한다.

　가업상속 공제를 적용받았다 하더라도, 가업 상속인이 상속개시 이후에 정당한 사유 없이 세법에서 정한 사후의무 요건을 이행하지 아니한 경우에는 상속세가 부과된다. 사후의무 요건은 사후 관리 기간 5년 동안, 해당 상속인이 가업에 종사하고, 해당 상속인의 지분이 감소하지 않아야 하며, 상속 후 5년간 가업용 자산의 40% 이상 처분을 금지하고, 1년 이상 해당 가업을 휴업하거나 폐업하지 않고 주된 업종을 변경하지 않아야 하며, 5년간 정규직 근로자 수 평균과 총급여액이 기준 고용인원(기준 총급여액)의 90% 이상 유지되어야 한다. 이러한 요건들을 지속적으로 유지하기 위해서는 결국 철저한 가업승계 준비가 사전적으로 필요하다.

　가업승계를 성공하기 위해서는 10년 이상을 준비해야 한다고 전문가들은 이야기한다. 회사를 물려받을 후계자 교육이 무엇보다 중요하다. 승계기간을 길게 가져갈수록 주식이전 시기결정, 주식가치 절감 전략 등 다양한 절세 방안을 고려할 수 있다.

　이러한 가업승계 문제는 절대적으로 피상속인인 사장이 직접 나서야 한다. 자녀, 가족, 회사 임직원들이 사장에게 가업승계 준비를 하라고 직접 말할 수 없다. 후계자의 선정은 가족 간의 공식적인 합의를 통해 결정돼야 한다. 이와 더불어 후계자가 되지 못하는 상속인들에 대한 상속재산 배분 방식도 정해야 한다. 가족회의를 열어 충분한 의견 교환과 소통을 해야 나중에 불화가 없다. 가업승계 관련 세금은 회사의 주식가치에 따라 달라진다. 주기적으로 주식가치 평가를 하여 지분 이전 시기를 정할 필요도 있다.

정부에서 제시한 중소기업 가업승계를 위한 다양한 세제지원 제도를 이용하라. 이러한 제도들은 정책 변화에 따라 달라질 수 있으니 계속 모니터링을 해야 한다. 상속이 갑자기 이뤄질 수 있으니, 상속인이 상속세를 낼 수 있도록 자금확보 계획을 세워야 한다. 필요한 자금은 세법상 연부연납이나 물납, 금융기관으로부터의 차입 등 다양하게 고려해야 한다.

피상속인은 후계자의 역량 강화를 위한 중·장기 경영전략을 후계자와 같이 수립하라. 그리고 평소부터 권한 이양을 하면서 후계자가 경영자로서 필요한 능력을 가질 수 있도록 하라. 이러한 가업승계 문제는 법적, 세무적인 여러 문제가 생기니 전문가인 세무사, 변호사, 회계사 등의 도움을 받아 체계적으로 계획을 세우고, 후계자를 위한 경영전략과 역량강화는 컨설팅 업체를 이용해 준비하는 것이 바람직하다.

⇥ 상속·증여세 법 요약

- **가업승계 공제:** 최대 600억 원까지 상속세 공제 가능.
- **조건:** 피상속인이 10년 이상 경영한 기업, 상속인이 2년 이상 종사해야 함.
- **사후관리 요건:** 5년간 업종 유지, 근로자 고용 유지 등 조건 충족해야 함.
- **승계 후 10년 내 경영 악화 시 세금 추징 가능:** 요건을 유지하지 않으면 공제 혜택 상실.

⇥ 주의사항

- 가업승계 공제를 받으려면 법적 요건을 철저히 지켜야 함.
- 가업을 물려받을 후계자를 미리 준비해야 함.
- 국세청이 사후관리를 철저히 하기 때문에 규정을 반드시 준수해야 함.

⇥ 핵심교훈

가업을 상속할 경우 최대 600억 원까지 공제받을 수 있지만, 사후관리 요건을 철저히 준수해야 함!

53

세금을 아끼려면
부동산을 법인으로 소유하라

서울 마포구에 사는 김수철 씨는 서울 요지에 꼬마빌딩을 소유하고 있다. 김수철 씨가 취득할 당시에는 비싸지 않았으나, 꼬마빌딩에 대한 수요가 높아지면서 그 가치가 폭등했다. 그러나 상속할 때 자식들이 상당한 상속세를 부담할 것으로 예상된다. 그는 꼬마빌딩을 물려주더라도 상속세를 절감할 방법 중 가장 좋은 방법이 부동산의 소유를 법인으로 전환하는 것이라는 신문기사를 읽고 고민하게 되었다. 부동산을 개인 소유에서 법인으로 전환할 때 발생할 문제가 무엇인지, 자식들에게 지분을 주더라도 앞으로 관리 문제에 대하여 자식들과 잘 해결할 수 있을지, 그리고 부동산을 법인으로 소유하는 경우의 장단점은 무엇인지 살펴보자.

우선 부동산을 개인소유보다는 법인소유로 할 경우 장점이 많다. 개인의 경우에는 임대소득이 누진세율에 따라 세금이 늘어나는 문제가 있으며, 다양한 부동산을 소유할 경우에는 소득을 분산하여 세율을 낮출 필요가 있다. 법인으로 할 경우에는 임원을 가족으로 다수 선정하고 보수를 지급함으로써 소득분산 효과가 크다. 소득의 귀속자를 여러 명으로 설정하여 근로소득, 배당소득, 퇴직소득 등으로 나누어 수입을 배분할 수 있고, 임의로 소득발생 시기를 조절하여 절세 효과를 얻을 수 있다. 양도소득세의 경우에도 개인일 때의 세율과 법인의 주식양도 시 세율이 같지만, 가족 간 매매의 경우 보유기간에 따라 다르다. 예를 들어 1년 이상 보유한 경우 일반주식 양도세율을 적용받아 양도차익 3억 원 이하에는 22%, 초과분에는 27.5%의 세율이 적용된다.

　꼬마빌딩의 부동산 시가는 과거에는 거래가 많지 않아 기준시가로 산정되었으나, 지금은 국세청이 적극적인 감정을 통해 시가에 상응하는 평가 금액을 산정하고 있다. 부동산 임대법인의 경우 법인의 총 자산 중 부동산 비중이 80%를 초과하면 자산 가치만으로 주식가치를 평가하도록 되어 있다. 따라서 부동산 비중이 80%를 넘지 않으면 자산가치 외에 손익가치까지 반영하여 주식가치를 평가한다. 다만 주식가치의 최저한도를 순자산 가치의 80%로 제한하고 있다. 이를 통해 최대한 자산가치를 20%까지 낮출 수 있으므로 법인소유의 장점이 있다. 또한, 개인소유의 부동산을 법인으로 전환할 때 발생하는 양도소득세는 조세특례를 적용받아 이월과세가 된다. 이월과세액은 법인 설립 후 5년이 경과한 시점부터 법인이 부담하며, 주식가치 평가 시에는 채무로 계상되어 상속증여액이 줄어들어 세금이 줄어드는 효과가 있다.

　부동산을 법인으로 소유하다가 자식에게 줄 때는 주식을 이전하는 방식으로, 여러 번에 걸쳐 시기를 정하여 증여가 가능하다. 부모가 주식을 어느 정도 보유하고 있다면 자식이 주식을 증여받더라도 주주총회와 이

사회를 통해 부동산 관리에 대한 의사결정을 할 수 있다. 주식 이전에 대해 주식 처분을 제한하는 절차를 마련하면 자식이 함부로 주식을 팔거나 담보로 제공하지 못하게 할 수 있다. 법인인 경우 보수나 배당은 주주총회 결의로 지급하므로, 부모가 법인 주식의 50% 이상을 보유하고 있다면 수익 배분은 부모의 뜻에 따라 이뤄지며, 자식들이 재산 유지와 관리를 더 신경 쓰게 할 수도 있다. 꼬마빌딩은 수익형 부동산이므로 더 많은 신경을 써야 하는데, 가족법인으로 운영하는 경우 자식들에게 참여 동기를 부여할 수 있다.

개인소유의 부동산을 법인으로 전환하는 가장 큰 이유는 절세 효과에 있다. 법인전환 후 임원을 누구로 할지, 보수규모를 어떻게 설정할지, 퇴직 시기는 언제로 할지 등 분명한 전략이 필요하다. 누진소득세율 하에서는 다양한 방법으로 소득을 분산해야 한다. 임원이 될 자식들에게 다른 소득이 있는지, 그 소득의 규모를 조정하여 최고세율이 적용되지 않도록 해야 한다. 또한 소득 귀속연도를 분산해 얼마를 지급할지 결정해야 한다. 법인의 대표이사는 반드시 부모가 될 필요는 없다. 대표이사가 일을 하지 않으면서 보수를 받으면 업무와 무관한 경비로 간주되어 세금이 추징당할 수 있으므로, 다른 직업이 없고 임대업 관리를 충분히 할 수 있는 사람을 대표이사로 선정하는 것이 바람직하다.

부동산을 법인으로 상속받을 경우 상속인들은 상속 합의 후 주식 지분별로 권리를 가지게 된다. 개인소유였다가 상속받은 경우에는 법정지분으로 상속받게 되므로, 합의가 이루어지지 않으면 부동산 관리가 어려워

지고, 결국 공유의 법리에 따라 해결해야 한다. 그러나 법인의 경우 상법에 따라 주주총회와 이사회가 개최되어 집단적 의사결정에 따라 부동산을 관리한다. 상속인들은 지분 이전을 제한하거나 주식양도로 지분 이동을 할 수 있다. 부동산 관리 측면에서 공유의 법리에 따라 관리하는 것보다 주식회사 관련 법률에 따라 관리하는 것이 더 합리적이다.

이처럼 다양한 이점을 고려하면 부동산을 개인소유보다는 법인소유로 하는 것이 절세와 관리 면에서 유리하다.

⊡ 상속·증여세 법 요약
- **법인 소유 장점:** 법인은 개인보다 세율이 낮아 임대소득 절세 가능.
- **주식 양도를 활용한 상속:** 법인의 주식을 상속하면 부동산보다 세율이 낮아질 가능성 있음.
- **법인 소유 단점:** 법인세(25%)와 배당소득세(15.4%)를 고려해야 함.
- **주식가치 평가 절차:** 법인 부동산의 평가가치가 시가보다 80% 이하이면 절세효과 증가.

⊡ 주의사항
- 법인을 활용하면 상속세 절세가 가능하지만, 운영 비용과 법인세 부담이 있음.
- 주식을 상속하는 경우에도 주식 평가 기준을 정확히 파악해야 함.
- 법인으로 소유 시 부동산 매각 시 양도세 절세 여부를 고려해야 함.

⊡ 핵심교훈
부동산을 법인으로 소유하면 절세 효과가 있지만, 법인세와 배당소득세까지 고려한 종합적인 절세 전략이 필요함!

54

대습상속과 세대를 건너뛴
상속증여 시의 세금문제

서울 서초동에 사는 김상속 씨는 자신의 두 자식 중 한 명이 경제관념이 없어 손주에게 직접 재산을 물려주고 싶어 한다. 하지만 바로 물려주는 것보다는 유언장을 통해 사망 시 넘겨주기를 원한다. 김 씨는 죽기 전에 미리 물려주는 것이 좋은지, 아니면 죽은 후에 물려주는 것이 좋은지에 대해 법률적, 세무적으로 어떤 차이가 있을지 고민하고 있다. 상속법에서 민법상 상속순위를 뛰어넘는 상속을 대습상속이라 한다. 또한 피상속인이 사망하기 전에 상속인의 직계비속에게 증여하는 것을 세대생략 증여라고 하고, 사망을 조건으로 증여(사인증여나 유증)하는 것을 세대생략 상속이라고 한다. 각 경우에 발생할 수 있는 문제를 살펴보자.

대습상속은 민법 제1001조에 따라 상속인이 될 직계비속 또는 형제자매가 상속개시 전에 사망하거나 결격자가 된 경우, 그 직계비속이 있는 때에는 그 직계비속이 사망하거나 결격된 자의 순위에 갈음해 상속인이 되는 것을 말한다. 결격되거나 사망한 상속인의 배우자도 재혼하지 않는 한 상속인이 될 수 있다. 세대생략 증여는 한 세대를 건너뛰어 이루어지는 증여를 뜻하고, 세대생략 상속은 상속인이 중간에서 사망하지 않고 상속포기를 하거나 유증으로 피상속인이 증여를 하는 경우이다. 대습상속이 이루어지더라도 상속세액은 유산세 방식이라 총액에서 달라지지 않는다. 그러나 세대생략 상속이나 증여의 경우는 세액이 달라질 수 있다.

상속세 및 증여세 법에 따르면 세대생략 증여나 상속은 일반 증여에서 산출된 세금에 30%의 할증 세율이 적용된다. 증여받는 자가 미성년이고 증여재산이 20억 원을 초과하면 40%의 할증 세율이 적용된다. 조부모가 자녀를 건너뛰고 손자에게 바로 재산을 증여하는 세대생략 증여는 최근 몇 년 동안 크게 증가하고 있다. 예를 들어, 부동산 가액이 1억 원이고 취득세율이 4%라면, 조부가 손자에게 증여할 경우 증여세는 500만 원의 30% 할증이 적용되어 650만 원이 되고, 취득세는 400만 원으로 총 세액이 1,050만 원이 된다. 반면 조부가 자녀를 거쳐 손자에게 차례로 증여할 경우 각 단계에서 증여세 500만 원과 취득세 400만 원이 발생해 총 세액이 1,800만 원이 된다. 이러한 계산만으로도 750만 원의 절세 효과가 있는 것을 알 수 있다. 부동산 가격상승이 예상되거나 개발이 이루어지는 경우 세대생략 증여는 더 큰 절세 효과를 볼 수 있다.

상속의 경우에는 세대생략을 하면 세금 감면이 줄어든다. 조부가 손자에게 아파트를 유언으로 상속할 경우 그 아파트 가액만큼 일괄공제 5억 원 등 각종 상속공제를 받지 못한다. 또한 세대생략 상속에 해당하여 30%의 할증 과세를 받게 된다. 각종 상속공제는 유증이나 사전 증여한 재산을 공제받을 금액에서 차감하므로, 선순위 상속인이 아닌 자가 유증이나 사전증여를 통해 상속재산이 이전되면 공제 혜택을 받을 수 없다. 상속공제를 인정하는 취지가 법적으로 상속인이 받는 재산에 대해서만 공제를 주겠다는 것이기 때문이다. 손자가 아닌 자식에게 바로 상속하는 경우에는 10억 원 이하인 경우 상속세가 없다. 상속인이 상속포기를 해서 사실상 세대를 건너뛴 상속이 이루어지는 경우에도 마찬가지다. 그러나 대습상속처럼 피상속인의 사망 전에 상속인이 사망하거나 상속결격인 경우에는 일괄상속 공제를 받고 할증 세율을 적용받지 않는다.

상속공제는 상속인의 실제 상속재산의 한도 내에서 적용되며, 상속세 과세가액에서 공제할 금액(기초공제, 배우자 상속공제, 기타 인적공제, 일괄공제, 금융재산 상속공제, 재해손실공제, 동거주택 상속공제)은 상속세 과세가액에서 상속인이 아닌 자에게 유증된 재산이나 상속인의 상속포기로 인해 다음 순위의 상속인이 상속받은 재산, 사전증여 재산의 과세표준에 해당하는 가액을 뺀 금액으로 한다. 그러므로 세대를 건너뛴 상속에 대한 할증 과세는 상속세 산출세액이 있는 경우에만 적용된다. 상속재산이 많지 않아 상속세가 과세되지 않는 경우에는 필요하다면 세대를 건너뛴 상속도 고려할 수 있다.

▶ 상속·증여세 법 요약

- **대습상속:** 상속인이 사망하여 그 자녀(손주)가 대신 상속받는 것.
- **세대생략 증여:** 조부모가 손주에게 직접 증여하면 30% 할증 과세.
- **유증(유언에 의한 증여):** 일반 상속과 유사하지만, 공제 혜택이 줄어듦.
- **절세 전략:** 부모가 상속받은 후 10년 이상 보유 후 손주에게 증여하면 할증 과세 회피 가능.

▶ 주의사항

- 조부모가 손주에게 직접 증여하면 세대생략 할증 과세 30% 추가 부담 발생.
- 유류분 청구 소송이 발생할 가능성 있음.
- 상속세와 증여세를 비교하여 유리한 방법을 선택해야 함.

▶ 핵심교훈

세대를 건너뛴 상속(조부모 → 손자)은 할증 과세가 적용될 수 있으므로, 절세 전략을 철저히 세워야 함!

에필로그

상속세 및 증여세 법 개정은 어떻게 이루어지나?

한국갤럽이 2025년 2월 25일부터 27일까지 실시한 전국 만 18세 이상의 유권자 1,000명에 대한 상속세 관련 여론조사에서 응답자의 52%는 상속세를 낮춰야 한다고 했고, 상속세 최고세율을 현행 50%에서 40%로 하향하는 방안에도 응답자의 69%가 찬성했다(응답률 14.5%, 표본오차는 95% 신뢰수준에 ±3.1%포인트. 자세한 내용은 중앙선거여론조사심의위원회 참조). 이렇듯 상속세에 대해서는 국민 대다수가 시대에 맞게 크게 변화하기를 바라고 있다는 점이 분명하다. 경제협력개발기구(OECD)의 10여 개국 이상이 상속세를 폐지하였고 자본이득세를 도입하는 방향으로 상속세 제도를 개편하고 있다. 이러한 상황인데도 불구하고 한국만이 세계 최고 세율을 가진 상속세를 유지하는 것은 자본의 국외 유출 및 능력 있는 부자들을 외국으로 내쫓는 결과를 유발하여 나중에는 우리나라 국가경쟁력을 떨어뜨릴 것이 분명하다.

정부는 이러한 흐름에 맞추어 기존의 상속세 과세 방식인 유산세 방식이 아닌 상속인들이 각자 물려받은 유산을 기준으로 각자에게 과세하는 '유산취득세'로 상속세 과세제도를 전면 개편하는 방안을 올해 3월 12일 내놓았다. 정부는 2000년 상속 과세자 대상 인원이 1,400명에 불과했으나 지난해 1만 9,900명으로 거의 2만 명까지 늘어나 전체 인구 대비 상속 과세자 비율이 0.66%에서 6.82%로 늘었고, 그 결과 국세수입 중 상속세 비중이 같은 기간 0.48%에서 2.48%로 5배 증가할 정도로 상속세가 더 이상 최상위 부자 1%만의 세금이 아니고 보편화된 세금이 되어버렸다고 하면서 상속세 개편의 이유를 밝혔다. 또 관련 설문조사를 진행해보니 일반 국민 중 71.5%, 전문가는 79.4%가 유산취득세로 전환해야 한다는 주장을 하여 유산취득세로 전환하는 것이 국민들 대부분의 의사에 부합하는 것을 확인했다. 정부의 개편안에 따르면 기존의 기초공제 및 일괄공제 체계로 되어 있는 상속공제 제도를 폐지하는 대신, 배우자에게는 본인이 물려받은 재산을 10억 원까지 공제해 주어 공제의 범위를 확대할 방침이다. 다만 가업상속공제, 금융재산공제 등 물적 공제는 현행 제도를 유지하는 것으로 정리하였다. 정부는 이러한 개편안을 올해 국회에서 통과시켜 2028년부터 유산취득세 방식으로 상속세를 부과하고 관련된 제도를 정비할 계획이라고 밝혔다.

상속세의 과세 방식이 유산취득세로 전환하게 되면 그동안 상속인들이 연대 납세 의무를 지었던 상속세를 자신이 물려받은 상속취득재산 한도 내에서만 납세 의무를 지게 된다. 상속인들이 연대 납세 의무를 지는 현재의 체계에서는 상속인 중 한 명이 세금을 내지 않으면 다른 상속인이 세금을 부담하여 나중에 구상권을 행사해야 하는 문제가 발생한다. 그러나 유산취득세 방식으로 전환되면 각자 따로 납세 의무를 지게 되므로 이러한 문제가 생기지 않게 된다. 누진세 부담을 회피하기 위하여 미리 증여를 한 경우에도 각자 증여받은 재산만을 상속취득재산에 합하게 되므로 상속인의 세금 부담이 완화된다. 정부는 유산취득세로 변화하면 세금을 줄이기 위해 재산을 쪼개어 세금 부담을 완화하려고 할 경우인 '위장 분할'을 방지하기 위하여 세금의 부과 제척 기간을 10년에서 15년으로 연장하고, '우회상속 비교과세 특례'를 설치하여 상속받은 후에 증여하는 것을 파악하여 추가 과세할 장치까지 마련하였다.

이러한 정부의 상속세 개편안에 대하여 더불어민주당과 국민의힘은 조금 상반된 입장을 보이고 있다. 더불어민주당은 기존의 과세 방식을 유지하면서도 공제는 확대하여 배우자에 대한 상속공제 범위는 넓혀주고, 자녀들에 대한 세 부담도 줄여준다는 계획을 발표했다. 배우자 상속공제는 최대한도를 풀어서 무제한으로 적용하고, 일괄공제 금액도 5억 원에서 8억 원으로 올리는 방안을 제시했다. 다만 더불어민주당 내부에서는 정부나 국민의힘의 개편안에 대하여 고액 자산가가 혜택을 보는 부자감세라는 주장이 있어서 상속세율의 감축이나 대대적인 상속세제 개편은 부정적이다. 특히 상속세가 국세에서 차지하는 비중이 늘어남에 따라 상속세를 줄일 경우 근로소득세 등을 늘려야 하기 때문에 재정의 건전성과 복지 예산의 확보라는 측면에서 상속세 부담을 많이 줄이기는 어려울 것으로 예상하고 있다.

상속세 개편안에 대하여 국회의 정당과 정부의 입장이 모두 다르고, 상속세를 부담하게 될 계층과 그렇지 못한 계층의 의견도 다르다. 상속세는 30여 년간 과세표준이나 세율이 전혀 변하지 않아서 사실상 국가가 세법 개정 없이 세율을 높인 것과 마찬가지다. 이는 조세 법률주의에 반하는 것이다. 시대의 변화에 맞추어 세율이나 과세표준을 변경하는 것이 필요함에도 부자감세라는 목소리에 바꾸지도 못했다. 이번 정부안의 경우에는 상속세의 구조 자체를 바꾸는 것으로, 추후 자본이득세로 변화하는 것의 중간단계라고 평가할 수 있다. 상속공제액의 일부 증액만으로는 앞으로 닥칠 수많은 문제를 해결할 수 없다. 이번이라도 상속세 및 증여세 법을 대폭 개편하여 체제를 바꾸어 시대에 맞는 상속세 및 증여세 법을 갖추어야 하며, 국제적으로도 다른 나라와 비슷한 정도의 세 부담을 지도록 해야 한다. 그렇지 않고 우리나라만 높은 상속세를 유지한다면 상속세의 부담을 회피하고 싶어 하고, 회피할 수 있는 사람들은 많이 외국으로 나가서 부가 유출될 것이다. 이 또한 우리나라에게 전혀 좋은 상황은 아니다.

상속세제 개편 논의가 높아지고 있는 이때 필자는 상속 후에 발생하는 여러 법적 쟁점과 상속세 납부 문제에서 실제적으로 독자들에게 필요한 내용으로 구성해 오랫동안 글을 써 왔다. 이제 그 내용을 정리하여 상속의 시간에 도움이 될 수 있도록 책을 엮게 된 것은 나에게는 운명일지도 모른다. 상속은 민법이나 세법의 영역일 뿐만 아니라 사랑하는 가족들과 고인을 추억하며 고인이 남긴 유산을 고인의 뜻에 맞게 정리하는 것이다. 만약 고인의 뜻에 맞지 않게 정리가 이루어지면 법적 분쟁과 심한 정신적 상처만 남게 된다. 우리가 가족의 우애를 위해서 합리적이고도 충분히 논의된 상속 해결을 위해서는 서로 진심으로 소통하고자 하는 의지가 필요하다. 그리고 제대로 된 상속 지식이 전제되어 자신의 문제를 객관적으로 볼 줄 알아야 한다. 반드시 즐겁지만은 않은 경험이지만 상속이라는 사건 앞에서 많은 사람이 이성적으로 잘 대응하길 바란다.

상속·증여세 법 개정 핵심 (2025년 4월 기준)

구분	주요 내용
과세 방식 변경	기존: 유산세 → 개편: 유산취득세 (상속인 개인별 과세)
납세 구조 변화	연대 납세 → 개인별 납세 (구상권 분쟁 해소)
공제 제도 개편	기초공제·일괄공제 폐지 → 배우자 공제 10억 원 확대 (※ 가업상속·금융재산 공제는 유지)
누진세 회피 방지 장치	- 부과 제척 기간 10년 → 15년 연장 - 우회상속 비교과세 특례 신설
국민 인식 변화	- 상속세 완화 찬성: 69% - 유산취득세 전환 찬성: 71.5% (전문가 79.4%)
정당별 입장	▶ 정부·국민의힘: 유산취득세 전면 도입, 공제 확대 ▶ 더불어민주당: 기존 방식 유지, 배우자 공제 무제한·일괄공제 상향
세율 논의	최고세율 50% → 40% 하향 검토 중 (정치권 내 이견 있음)

개편의 방향

- 유산취득세는 공정한 과세 구조로의 전환이자, 상속세 부담 완화 + 분쟁 예방 전략
- 제도 전환은 시대 흐름이며, 향후 자본이득세 체제로의 전환 가능성도 있음.
- 상속세는 더 이상 부자만의 세금이 아닌 보편세, 사전 전략 수립이 중요.

월급쟁이, 벼락 상속인을 위한

상속·증여 솔루션

초판 1쇄 인쇄	2025년 4월 15일
초판 1쇄 발행	2025년 4월 25일
지은이	조용주
펴낸이	신민식
펴낸곳	가디언
출판등록	제2010-000113호
주소	서울시 마포구 토정로 222 한국출판콘텐츠센터 419호
전화	02-332-4103
팩스	02-332-4111
이메일	gadian@gadianbooks.com
CD	김혜수
마케팅	남유미
디자인	미래출판기획
종이	월드페이퍼(주)
인쇄 제본	㈜상지사P&B
ISBN	979-11-6778-151-2 13320